爆笑三国成语

1 董卓乱政

郭珮涵 ◎ 编著

航空工业出版社
北京

内容提要

本书从董卓乱政期间发生的历史故事中精选10个成语，说明成语的典故出处，解释成语的意义，罗列成语的近、反义词，运用成语造句，用风趣浅显的语言讲述成语的背景故事，揭示成语故事对孩子的启发意义，让孩子们学会成语的同时了解三国时期的历史。

图书在版编目（CIP）数据

爆笑三国成语．董卓乱政 ／ 郭珮涵编著．-- 北京 ：航空工业出版社，2022.11

ISBN 978-7-5165-3176-1

Ⅰ．①爆… Ⅱ．①郭… Ⅲ．①汉语－成语－青少年读物 Ⅳ．① H136.31-49

中国版本图书馆 CIP 数据核字 (2022) 第 195205 号

爆笑三国成语 • 董卓乱政

Baoxiao Sanguo Chengyu.Dong Zhuo Luanzheng

航空工业出版社出版发行

（北京市朝阳区京顺路 5 号曙光大厦 C 座四层　100028）

发行部电话：010-85672688　010-85672689

唐山楠萍印务有限公司印刷　　全国各地新华书店经售

2022 年 11 月第 1 版　　2022 年 11 月第 1 次印刷

开本：710×1000　1/16　　字数：41 千字

印张：4.75　　定价：218.00 元（全 8 册）

成语是中国传统文化的瑰宝，其中包含着丰富深厚的文化密码。它们携带着历史的温度，一路走来，走进我们的生活。

成语多为四字，也有五字甚至七字及以上。它们字字珠玑，语义凝练，几乎每则成语都蕴藏着古人的哲思。对于孩子来说，越早学习成语，就能越早体会古人的智慧，懂得人生的哲理。

但是，绝大部分的成语都有其自身的典故和出处，如果只把这些孤零零的成语摆在孩子眼前，孩子也很难学以致用。所以，为了让孩子喜欢上成语及其背后的故事，真正学会并能在具体的语境里准确使用成语，我们精心编著了这套《爆笑三国成语》。

三国是中国历史上一段重要而独特的时期，其间涌现出许多风云人物，发生过无数场波澜壮阔的战争和故事，历史学家用手中的笔记录下了这段历史。

本书主要以西晋史学家陈寿的《三国志》及东晋史学家裴松之为之作的注、南朝宋史学家范晔的《后汉书》与文学家刘义庆的《世说新语》，以及元末明初小说家罗贯中的《三国演义》等典籍为依据，选取其中 80 个意义深远的成语，以儿童的视角切入三国那个风云时代，用生动有趣的语言讲述每个成语背后的三国历史。

“原典”列出了成语的出处，让孩子感受纯正国学的滋养。“成语释义”对成语中生僻字与整个词义进行了解释，方便孩子对成语有初步的理解。“近义词”“反义词”能够拓宽孩子对成语语义的认识。“造句”部分能够引导孩子在理解成语的基础上进行实际的运用。

“历史故事”中有桃园结义的情谊，有七步成诗的才气，有命若悬丝的险境，也有势如破竹的战斗。孩子将会在浅显的语言描写和有趣的漫画插图中了解三国历史，丰富知识积累。

“读史启示”可以引导孩子进行反思，从而明白学习和做人的道理，做到知古鉴今。

希望这些源自三国典籍的成语能够成为一座帮助孩子了解历史和文化的桥梁，让孩子们真正学会、读懂这段历史，在掌握这些成语的同时感受到中华文化的无限魅力。

目录

主要人物
刘备
董卓
关羽
孙策
张飞
吕布
孔融
孔子后人
袁绍
三国

一 · 董卓乱政

东汉末年，皇帝更换频繁，外戚与宦官斗争不断，东汉政权摇摇欲坠。后来，凉州军阀董卓奉诏率军进京救驾，废少帝立献帝，并趁机独揽朝政，动乱由此开始。

桃园结义

原典

飞曰：“吾庄后有一桃园，花开正盛；明日当于园中祭告天地，我三人结为兄弟，协力同心，然后可图大事。”玄德、云长齐声应曰：“如此甚好。”（明罗贯中《三国演义》第一回）

成语释义

桃园：种满桃树的园林。结义：结拜，即因为感情好或者有共同的目标、志向以某种仪式结为异姓兄弟姐妹。这里是指刘备、关羽、张飞三人在桃园结义为兄弟的故事。

近义词

义结金兰　志同道合　意气相投

反义词

反目成仇　恩断义绝　割袍断义

造句

明明、小刚和飞飞不仅是同学，也是好朋友。一天，明明提议：“不如我们也效仿古人来个‘桃园结义’吧！”

扫码听音频

历史故事

读史小贴士

时间：公元 184 年
地点：涿县
主要人物：刘备、关羽、张飞

三国时期，战争频繁，匪患四起，灾民流离失所。有一个叫张角的人创立了太平道，带领徒众发动了黄巾起义。

公元 184 年，张角带领队伍浩浩荡荡地向**幽州**（中国古九州之一，核心区域在今北京市）行进，意图占领那里。幽州**太守**（郡的最高行政长官）刘焉听到这个消息，立即招来**校尉**（古代武官官职）邹靖商讨计策。邹靖对太守说：“敌兵众多，咱们人手少，应该快快招募士兵啊！”刘焉听从了邹靖的建议，随即张贴榜文招募兵士。

招兵的榜文转眼传到了刘备的老家涿（zhuō）县（今河北省涿州市）。刘备看到大街上张贴的榜文，不禁暗自感叹道：自己都快三十岁了，也没能建功立业，报效国家！这时，张飞从旁经过，见刘备叹气，就问道："大丈夫不为国家出力，叹什么气啊？"刘备回答说："我刘备本来是汉室宗亲，现在黄巾军叛乱，我倒是想平乱安民，但是我现在只是个卖草鞋的，没有实力，所以叹息啊！"张飞听后说道："我有钱啊，咱们一起招募贤人勇士，共谋大业吧！"

于是，刘备和张飞一拍即合，两人都为遇到志同道合的朋友兴奋不已，就来到了旁边的小酒馆把酒言欢。

刘备、张飞二人喝得正高兴，只见门外走来一个九尺高的大汉。大汉进门一落座，就叫店小二给他拿酒来。刘

备看他相貌堂堂、威风凛凛，就邀他过来一起喝酒。谈话间才知道这人叫关羽，是来从军的。

刘备将平乱安民的志向也告诉了关羽，关羽一听，高兴极了，因为他也有此意。饭后，三人一起到张飞家里商议大事，聊到兴起的时候，张飞说："我家后院有一个桃林，桃花开得正好，不如明天咱们在桃园里祭拜天地，结为兄弟吧！这样就能一起齐心协力干大事啦！"刘备和关羽听后都非常赞同。

第二天，三人在桃园中准备好祭品，就焚香叩拜天地，三人立下誓言：“我刘备、关羽、张飞三人虽然不同姓，但是愿意结为异姓兄弟，从此同心协力，上报国家、下安黎庶。不求同年同月同日生，只愿同年同月同日死。皇天后土，实鉴此心，背义忘恩，天人共戮（lù）！”结拜完毕，兄弟三人又宰牛设宴，聚集了乡邻勇士三百多人共同举事。

从此兄弟三人，齐心协力，披荆斩棘，为保护一方黎民百姓、兴复汉室戎马一生。在三人的共同努力下，蜀汉得到发展壮大，历史上才出现了三国鼎立之势。

读史启示

刘备、关羽、张飞三人虽然是异姓兄弟，但他们一见如故、志同道合，都怀有一颗拯救乱世的仁心。后来，他们兄弟齐心，彼此信任、彼此支持，这才成就了蜀汉的大业。在我们日常生活中也会交到不少好朋友。真正的好朋友在一起，就是要互相帮助、互相鼓励，一路为共同的目标而努力，这样才不枉相识一场！

成语接龙

桃	园		义	义		云	天
天		地	久	久	别		逢
逢	凶		吉	吉		天	相
相	提	并			功	行	赏

答案：结、薄、长、重、化、人、论、论

倒履相迎

原典

时邕才学显著，贵重朝廷，常车骑填巷，宾客盈坐。闻粲在门，倒屣（xǐ）迎之。（西晋陈寿《三国志·魏书·王粲传》）

成语释义

屣和履都是鞋子的意思，后世据上面典故引申出成语“倒履相迎”。着急出门迎接客人，把鞋子都穿倒了。形容热情地迎接宾客，对待朋友十分有诚意。

近义词

扫径以待　解衣推食　吐哺握发

反义词

闭门不纳　冷眼相待　置之不理

造句

老王多年前见义勇为救了小舟，每次老王来做客，小舟一家人都倒履相迎，十分热情地招待他。

扫码听音频

历史故事

读史小贴士

时间：公元 190 年
地点：长安
主要人物：王粲、蔡邕

王粲（càn）是东汉末年的文学家、官员。他出身于名门望族，他的曾祖父王龚，在汉顺帝时任**太尉**（东汉综理军政事务的长官）；祖父王畅，在汉灵帝时任**司空**（东汉官职，主掌水土工程），两人都曾位列三公。王粲的父亲王谦，曾任大将军何进的**长史**（中国古代幕僚性质的官员）。

公元 190 年，董卓挟汉献帝，西迁到长安，整个东汉朝廷随同前往，王粲和蔡邕（yōng）也在其中。两人见面一番交谈，蔡邕拉着王粲的手说："年轻人，你可真是个奇才！到了长安一定要去找我。"

当时的**左中郎将**（东汉时的高级武官）蔡邕才华横溢，他的文采学问都很著名，而且在朝廷中身份贵重，所以家门前经常停满了前来拜访的车驾，宾客多得都要把门槛踩烂了。

蔡邕正在家中烦恼不知道如何应付宾客，得知王粲来访，就在大门口，一下子来了精神，急忙开心地准备去见面。蔡邕想见王粲的心情急迫，也顾不上好好穿鞋，随便一穿就急忙往外跑，等到仆人反应过来的时候，只见蔡邕已经两脚穿着倒了的鞋，一路小跑，快没影了。

当时王粲的年纪还小，或许是营养不良，他的身材也很矮小，这小身板让在座的人都很吃惊。蔡邕对着众人说：“这位是王畅的孙子，是个小天才呢，我都比不上他。我家中的典籍文章，我打算全都送给他。”

董卓死后，王粲前往**荆州**（中国古九州之

一，东汉时辖地在今湖南省、湖北省全境及河南省南部地区）投奔刘表。刘表看王粲身材瘦小，其貌不扬，就没有重用他。刘表去世后，他的儿子投降了曹操，曹操早就听说了王粲的才名，上表封王粲为关内侯。

公元 213 年，曹操称魏王，任命王粲为**侍中**（古官名，侍从皇帝左右），王粲因博学多识，总能做到对答如流。曹操感觉当时旧礼仪制度废弛殆尽，需要重新制定，命王粲参与负责制定新的典章。王粲的才华在后来得到了充分的施展。

读史启示

在古代，人与人之间的身份、地位、尊卑是分得非常清楚的。德高望重的蔡邕能够放下自己的身份，对年轻的王粲倒履相迎，不得不令人敬佩。在三国故事中，类似的故事还有曹操光脚迎许攸。这些故事的背后体现的都是对知识和人才的尊重。而历史上，只有那些真正敬重人才的人，才能赢得有识之士的诚心相助。我们要学习古人这种精神，不管是朋友还是陌生人，只要他有着丰富的知识、仁厚的道德，就要自觉地向他学习。

成语接龙

倒		相	迎	迎	刃	而	
	甲	归	田	田		野	老
老		常	谈	谈	笑		生
生	死	之			口	称	赞

答案：履、解、解、夫、生、风、交、交

同符合契

原典

策曰："一与君同符合契，有永固之分，今便行矣。"（西晋陈寿《三国志·吴书·孙策传》裴松之注）

成语释义

比喻见解完全相合，完全相同。

近义词

同心同德

造句

我与你同符合契，简直是命中注定的好朋友！

扫码听音频

历史故事

读史小贴士

时间：公元 191 年

地点：江都

主要人物：张纮、孙策

张纮（hóng），字子纲，是三国时期知名的文学家，政治家。

张纮年轻时游学京都，曾跟**博士**（秦汉时掌管书籍文典的官职）韩宗学习《易经》和《尚书》，跟濮阳闿（kǎi）学习《韩诗》《礼记》和《左氏春秋》，是个满腹经纶、实实在在的“读书人”。

因为名气大，张纮曾被很多人推荐为官。但他觉得当时汉室早已名存实亡，不想跟贪官污吏同流合污，便全都拒绝，跑到**江都**（今属江苏省扬州市）避难了。

公元 191 年，张纮的母亲病逝，他留在江都处理后事。当时，孙策的父亲孙坚被暗杀，孙策也正好带父亲回乡安葬，听闻大名鼎鼎的张纮就在江都，便多次前去拜访，向他请教学习。

孙策对张纮说，今后自己只想回到父亲依附的袁术帐下，接领父亲的旧部，再去**丹阳**（位于今江苏省镇江市）舅舅那边招揽些士兵，

为汉室平乱，为父报仇。等这些问题都解决了，自己就做个享乐的朝廷外藩就行了。

张纮听后，不禁被这个年仅十七岁的年轻人所惊艳，便对孙策的计划加以完善和修改，并告诉他说：“如今你继承了你父亲的事业，假如真的投奔丹阳，召集各路兵马，必定能够兼并荆州和**扬州**（中国古九州之一，位于今安徽省淮河和江苏省长江以南及江西省、浙江省、福建省，湖北省东部、河南省东南部），报仇雪耻自然指日可待，到时绝不仅是成为朝廷外藩这么简单。如今天下大乱，如果你大功告成，我定会与朋友一起渡江南下，去追随你。”

孙策听后豁然开朗，觉得自己的未来一片光明。他对张纮说道：“我与您的见解完全相同，我们的情谊将牢不可破！今日我便动身离开，我的母亲和弟弟就托您照顾，这样我也不会有后顾之忧了。”

后来，吕布也听说了张纮的才名，想要把他抢过来。张纮内心讨厌吕布。孙策也十分珍惜张纮这个人才，不想放他走，便婉言拒绝了吕布。

孙策平定江东后，派张纮到许昌上表。张纮常与朝中大臣谈论起孙策平定**江东三郡**（指丹阳郡、会稽郡和吴郡）的丰功伟绩。曹操爱才，把张纮留在许昌担任**御史**（中国古代执掌监察的官员），后来还要封他更大的官职。张纮念着孙策的恩情，委婉地推辞了。

十七岁的孙策很清楚，父亲去世之后，单凭自己一人的能力，想要报仇雪耻，恢复家族的荣光，并不容易。对于未来的方向，他始终都拿不定主意，何况自己的家人还无人照料。然而名士张纮的一番话，无疑是给予了孙策最大的肯定，同时，也彻底解决了孙策的最大后顾之忧。可以说，孙策与张纮这一“江都对”丝毫不逊色于刘备和诸葛亮的“隆中对”。

人生短暂，能遇到这样的朋友属实不易。我们在现实生活中也要珍惜、信任同符合契的朋友。

仰人鼻息

原典

馥长史耿武、别驾闵纯、骑都尉沮授闻而谏曰："冀州虽鄙，带甲百万，谷支十年。袁绍孤客穷军，仰我鼻息，譬如婴儿在股掌之上，绝其哺乳，立可饿杀。奈何欲以州与之？"（南朝宋范晔《后汉书·袁绍传》）

成语释义

形容依赖着别人生存，看人脸色行事。

近义词

寄人篱下

反义词

自力更生

造句

他再也不愿仰人鼻息，看领导的眼色工作，索性辞职自己创业。

扫码听音频

历史故事

读史小贴士

时间：公元 191 年

地点：冀州

主要人物：袁绍、逢纪、韩馥、耿武

袁绍是东汉末年军阀、汉末群雄之一，他出身官宦世家汝南袁氏，世代官居高位，四世三公。袁绍二十岁左右时，母亲病故服丧，接着又补服父丧，前后共六年。当时，宦官专权愈演愈烈，残酷迫害反抗他们的人，袁绍便拒绝到朝廷做官，隐居在洛阳。虽然他自称隐居，表面上不接待宾客，但在私底下结交了许多有识之士。

公元 184 年，黄巾起义爆发，朝廷被迫取消党锢（gù）之禁。袁绍顺应大将军何进的辟召入朝为官。后来，董卓作乱，袁绍在山东起兵讨伐董卓，很多郡县纷纷响应，一时间袁绍实力大增，声名远扬，颇受世人赞叹。

冀州（中国古九州之一，辖地包括今北京市、天津市、河北省、山西省、河南省北部以及辽宁省与内蒙古自治区部分地区）**牧**（古代各州的行政长官）韩馥看到袁绍变得越来越强大，心中十分不安，怕袁绍有朝一日比自己更强，于是就克扣他的军粮，想办法打压他。袁绍得知这个情况后，准备趁机吞并韩馥统治的冀州。

袁绍的谋士逄（páng）纪替他想出了一条妙计。按照逄纪的建议，袁绍一面写信给**北平**（位于今北京市）太守公孙瓒，鼓动他引兵南下，进攻冀州；一面派人到冀州去见韩馥，对韩馥说："公孙瓒南下攻打冀州，袁绍也会有所行动，你的处境十分危险，不如主动把冀州让给袁绍，既获得让贤的美名，又可以保住身家性命，岂不是两全其美？"

韩馥生性怯懦，缺少主见，听说公孙瓒要来攻打，又听了袁绍派来的人的游说，觉得有理，很快就同意了让出冀州。他手下的耿（gěng）武、闵（mǐn）纯就没那么容易被糊弄了，他们看出袁绍的实力还不及韩馥，于是一致反对。

耿武等人对韩馥说：“冀州有百万军民，有可支持十年的军饷。袁绍孤家寡人一个，统领的军队少得可怜，简直就是在靠我们的呼吸活着。他就像被我们玩弄在手里的小孩，不给他吃的东西甚至能把他饿死，对这样的人为什么还要把我们的地盘拱手送给他呢？”

韩馥说：“我的才能本也比不上袁绍，把冀州让给他也是应该的。”他最终也没有听取谋士们的意见，而是搬出了官署，又派自己的儿子把冀州牧的印绶送交给了袁绍。

读史启示

韩馥本来拥有更强大的军队、更有利的条件，但是因为他患得患失，不相信自己的能力，所以中了袁绍的诡计，最终走上了自我了断的道路。我们要从韩馥的故事中吸取教训，应当认清自己的能力，并对自己有信心，不要因为别人的三言两语就动摇、怀疑自己。

成语接龙

仰	人		息	息	息		关
关		闭	户	户		不	朽
朽	株		木	木	已	成	
	车	劳	顿	顿	足		胸

答案：鼻、相、门、枢、枯、舟、舟、捶

如雷贯耳

原典

久闻先生大名，如雷贯耳。（元无名氏《冻苏秦》第一折）

貂蝉曰：“妾在深闺，闻将军之名，如雷灌耳，以为当世一人而已，谁想反受他人之制乎！”（明罗贯中《三国演义》第八回）

成语释义

“如雷贯耳”也作“如雷灌耳”，本指响亮的雷声传进耳朵里。形容人的名声很大。

近义词

名满天下　闻名遐（xiá）迩（ěr）

反义词

无名小卒　默默无闻

造句

现在一说起他的名字，全校的人都如雷贯耳，不愧是教育专家。

扫码听音频

历史故事

读史小贴士

时间：公元 192 年
地点：洛阳
主要人物：董卓、王允、吕布、貂蝉

东汉末年，太师董卓趁乱把持了朝政。他废汉少帝，立汉献帝，毒杀太后，封自己为**太师**（古官职名，是辅弼君王的重要大臣），任命自己的族人、亲信为官，诛杀反对自己的大臣，最后把军权和朝政大权都握在自己的手里。他之所以这么狂妄，正是因为他手下有一员猛将，就是他的干儿子吕布。

王允是汉朝的忠臣，他无法忍受董卓的恶行，但又忌惮他的强权。为了保全实力，他只好暂时不动声色、曲意迎合，换取董卓的信任。时间一长，董卓不仅觉得王允极具才华，还对自己忠心耿耿，于是把他当作自己的亲信。

公元 192 年，天灾严重，王允加紧完善暗杀董卓的行动方案。有一天，他生病在家休息，看到家中美貌的歌伎（jì）貂（diāo）蝉，心里突然有了一计。

没过几天，王允先是邀请吕布上门做客，然后让貂蝉出来，说要将貂蝉送给吕布为妾。貂蝉还一个劲儿给他暗送秋波，看得吕布目不转睛。看时机已到，王允便对吕布说过几天就将貂蝉送到他府中。

过了几天，王允趁着吕布不在，把董卓给请到府中赴宴。他再一次把貂蝉请了出来，说要献给董卓。董卓非常高兴，王允当晚就亲自把貂蝉送到董卓府中。

王允回去的路上，正好遇上吕布。吕布质问他为何先把貂蝉送给自己，转手又献给董卓。王允说是董卓强行上门，说要替吕布接回貂蝉，自己也无法拒绝。吕布头脑简单，信以为真。

这其实是王允的连环计，为的就是让貂蝉离间董卓和吕布，好让两人生出嫌隙，然后互相残杀。

接下来，貂蝉故意让来找董卓的吕布看到自己伤心落泪的样子，还偷偷与吕布在小花园私会，对吕布说：“我从小被养在深闺，听将

军的大名，如雷贯耳，本以为你可以救我离开董卓，没想到你这么害怕他！”

两人相会的时候正好被董卓看见。董卓将吕布赶走后，貂蝉就对他哭诉说，吕布对她心怀不轨，但自己心里只有董卓一人。董卓也被貂蝉的话迷昏了头，渐渐开始对吕布生起不满之意。

王允看时机差不多，就将貂蝉被董卓强抢的“经过”添油加醋地告诉了吕布，并假装惋惜地说：“没想到将军一世英雄，竟然要受这样的侮辱。”吕布在王允的言语刺激下，最终与王允密谋，在郿坞一戟刺死董卓，将这个“名满天下”的奸臣斩于手下。

读史启示

貂蝉是中国古代的四大美女之一，她在《三国演义》中被罗贯中描写成了一位忧国忧民的奇女子，为了报答义父王允的恩情，甘愿献身董卓和吕布，挑起两人争斗，最后利用吕布替国家除掉了残暴专权的董卓。

虽然这个故事是罗贯中所虚构，但董卓被吕布刺死确实是史料记载过的。这也告诉我们，多行不义必自毙，董卓以武力挟持天子，把持朝政后骄横残暴，血腥杀戮反对自己的朝臣，默许士兵残害百姓。最终，他被自己的义子吕布所杀，结束了他罪恶的一生。

如		贯	耳		耳	聪		明
明	哲		身		身		力	行
行		流	水		水	落		出
出	神		化		化		为	夷
夷	为	平				广	人	稀
稀		古	怪		怪		乱	神

答案：雷、目、保、体、云、石、入、险、地、地、奇、力

求田问舍

原典

备曰："君有国士之名，今天下大乱，帝主失所，望君忧国忘家，有救世之意，而君求田问舍，言无可采，是元龙所讳也，何缘当与君语？"（西晋陈寿《三国志·魏书·陈登传》）

成语释义

田：田地。舍：居住的房子。到处求取田地，购置房屋，形容人只知道为自己谋利，置办家产。现多比喻追求个人利益，没有远大的志向。

近义词

数白论黄　池中之物

反义词

壮志凌云　步月登云　鸿鹄之志

造句

他深知成大事的人，不能只知道放纵享乐、求田问舍，过分在乎自己的得失。

历史故事

读史小贴士

时间：公元 192—公元 196 年
地点：荆州
人物：陈登、许汜、刘备、刘表

陈登，下邳**淮浦**（今江苏省涟水县西）人，是东汉末年的一位为人爽朗、性格沉静、智谋过人的将领。自少年时代起，他就有扶世济民的远大志向。25 岁时，陈登被任命为**东阳**（古地名，位于今江苏省）县长。他虽然年轻，但却大力为百姓谋福祉，经常和老百姓打成一片，在当地拥有很高的名望。

有一天，陈登的老朋友许汜（sì）路过下邳，来看望他。陈登知道跟随吕布的许汜就是个胸无大志的人，整天就想着怎么购买田地房屋，扩大自己的家业，于是对登门拜访的许汜爱搭不理、态度冷淡，并没有把许汜当成客人款待。

到了晚上，许汜也没有要走的意思，直接在陈登家中留宿。陈登自己高卧在大床上休息，把许汜留在了下床。许汜心想，自己明明是个客人却只能坐在下床，觉得自己受到了怠慢，生了一肚子气。

后来，吕布被曹操击败并处死，许汜投奔到荆州牧刘表的手下任职。当时刘备也因为衣带诏被曹操追杀，投奔了刘表。有一天，刘表、刘备和许汜三个人在一起闲谈，点评天下人物。许汜说：“湖海的那个陈登，人很豪爽没错，就是有点粗俗无礼。”刘备听了对刘表说：“哦？这话真的假的？”刘表回答：“这……照理说，许先生您很有见识，应该不会胡说。但是，我听说那位陈登是名声很好的人。”刘备也好奇地问:“你说陈登粗俗无礼，何出此言啊？”许汜气呼呼地说:“我当初去他家拜访，他对我爱搭不理的，还独自睡大床，让我这个客人睡下床。”

刘备听完，明白了事情的缘由，对许汜说:“你是有名的国士，如今天下大乱，你本应当忧国忧民，舍小家为大家，怀有拯救百姓的远大理想。但你却光想着置办家产，净说些废话，陈登当然不愿意理你了！”

这话说得许汜脸上红一阵白一阵的，刘备又接着说：“要是我的话，我就睡百尺楼上，让你睡地下，那何止是上床和下床的区别啊！”刘表听了大笑起来，此时的许汜才知道自己批评错了，恨不得找个地缝钻进去。

许汜披着名士的外衣，却没有名士的胸怀，一心只想着自己发财，而没有为国为民的抱负。受到陈登的冷漠对待时，不从自己身上找原因，反而认为是陈登粗俗无礼。这个成语故事告诉我们，人应当心胸宽广，有远大的抱负，而不能目光短浅，只知道谋求个人利益。在受到别人冷漠对待的时候，不要第一时间把原因归结到对方身上，而是要反思是不是自己哪里做得不够好，这样才能避免闹出许汜这样的笑话。

求		问	舍	舍		救	人
人	山	人		海	阔		空
空		来	风	风	言		语
语		心	长	长	年		月
月	明		清	清	心		欲
欲		又	止	止	于	至	

答案：田、己、海、天、穴、风、重、累、风、寡、言、善

危在旦夕

原典

今管亥暴乱，北海被围，孤穷无援，危在旦夕。（西晋陈寿《三国志·吴书·太史慈传》）

成语释义

旦夕：早晨和晚上。形容危险就在眼前，情况十分危急。

近义词

朝不保夕　危如朝露

反义词

高枕无忧　危然无恙

造句

刚刚路口发生了一起严重的车祸，汽车司机的性命危在旦夕。

扫码听音频

历史故事

读史小贴士

时间：公元 193—公元 196 年
地点：都昌
主要人物：孔融、太史慈、刘备

孔融是孔子的第二十世孙。他能诗善文，为“建安七子”之一。后来因为与董卓发生争辩，被派到黄巾军最为猖狂的**北海国**（今山东省寿光市东南）做**国相**（封国辅政之臣），屯兵**都昌**（今山东省昌邑市西）。

孔融待人，就算对方只有一点儿微小的善行，也都以礼对待。他听说太史慈任本郡**奏曹吏**（古官职名，主奏议事）时，郡守和州官

有矛盾，他用计揭发了州官对郡守的诬告后，为避难远走**辽东**（今辽宁省），十分佩服，就经常派专人照顾太史慈的母亲。

后来，孔融为了对付黄巾军，在**都昌**（隶属今山东省潍坊市）屯兵，却被黄巾军围困。太史慈从辽东回到家，母亲对他说：“虽然你和孔融不相识，但自从你走后，他特别照顾我。如今他有难，你应该去帮助他。”于是，太史慈在家待了三天，便独自前往都昌去了。

当时黄巾军的包围还不算特别严密。太史慈趁着夜色，找准时机冲入重围，终于见到了孔融，还建议他赶快下令出击。

但孔融没有听从太史慈的建议，只一心等待外援。结果外援没等来，黄巾军却日日紧逼。孔融没办法，决定求助附近的**平原**（古代郡国名，今山东省德州市下辖县）**相**（汉代官职名，职位相当于郡太守）刘备，但在选择让谁杀出重围求助的事情上犯了难。

这时，太史慈站出来请求一试。孔融便道：“这个任务很艰巨，虽然你有决心，但你要慎重考虑啊！”太史慈答道：“您对我母亲照料有加，我非常感恩，这才来帮助您。现在情况危急，希望您不要怀疑我。”孔融这才同意这件事。

凭借着不凡的身手，太史慈很快冲出重围，见到了刘备。他告诉刘备说：“如今北海被包围，孔融孤立无援，危在旦夕。我早就听闻您以仁义著称，更能在情况危急时救人。所以孔国相希望您能慷慨相助，帮他解围。”

刘备听后，马上派遣三千精兵随太史慈返回都昌。黄巾军听说对方搬来了救兵，连忙解除了对北海的包围，四散逃走。

读史启示

太史慈的母亲受过孔融的恩惠，于是在孔融危难的时刻让自己的儿子前去相救，可以说是滴水之恩当涌泉相报。我们也要有这样的信念，牢记帮助过自己的人和给予过自己温暖的人，在他们需要的时候回报他们曾经的善意。故事中的孔融一定没想过，自己曾经对太史慈母亲的照顾会成了日后解决困难的关键，这也告诫我们要时时刻刻保持一颗善良的心，多做善事，相信给予世界的善意总有一天会以意想不到的方式回到自己身上。

成语接龙

危	在		夕	夕		宵	兴
兴		作	浪	浪	子		头
头	头		道	道		途	说
说		道	四	四	面		歌

答案：旦、寐、风、回、是、听、三、楚

先礼后兵

原典

刘备远来救援，先礼后兵，主公当用好言答之，以慢备心；然后进兵攻城，城可破也。（明罗贯中《三国演义》第十一回）

成语释义

兵：武力，泛指强硬手段。形容在和对方交涉时，先礼貌地讲道理，行不通的话，再采取强硬手段。

反义词

不宣而战

造句

我军总是奉行先礼后兵的策略，不到万不得已不会选择武力解决事情。

扫码听音频

历史故事

读史小贴士

时间：公元 194 年
地点：徐州
主要人物：曹操、陶谦、曹嵩、孔融、刘备

公元 192 年，**青州**（中国古九州之一，在今渤海以南、泰山以北，涉及河北省和山东半岛部分地区）的黄巾军势力迅速发展，开始进攻**兖**（yǎn）**州**（中国古九州之一，在今山东省、西部与山东省河北省交界处），**刺史**（东汉时地方行政长官，兼掌军事）刘岱战死。曹操被推举为兖州牧，和鲍信联手将黄巾军击败。曹操从三十多万降兵中挑选精锐，组成青州军。

第二年春天，曹操陆续击败了袁绍、**黑山军**（东汉末年河北的农民起义军）和南匈奴。当时的**徐州**（中国古九州之一，位于今淮海地区）牧陶谦率军攻入兖州南部的任城，曹操看地盘被侵占，就率军征讨陶谦，发兵徐州，连着攻下了徐州十座城。后来因为粮草不足，才撤了军。

公元 194 年，曹操派人去琅玡（láng yá）接父亲曹嵩（sōng）。曹嵩路过陶谦那里的时候，陶谦有意与曹操结交，便盛情招待了曹嵩，并且派张闿（kǎi）带军护送。

一行人走到半路，突然遇到了大雨，只能到旁边一座古庙里躲雨。曹嵩和家人在庙里，张闿及其军士睡在外面。由于雨太大，将士们的衣服都被打湿了，众人怨声载道，有人就生了抢夺曹家行军物资的心思。于是，他们说干就干，混乱中曹嵩被杀。

曹操收到消息后，痛哭倒地。他以陶谦纵容手下杀害父亲、想报杀父之仇为由，起兵讨伐徐州。曹军所到之处，杀戮百姓，发掘坟墓。陶谦紧急召集部下商议对策，手下糜（mí）竺（zhú）自请去北海求助孔融。

当时孔融正被黄巾军包围，处境危难。幸亏

太史慈挺身而出，突出重围去找刘备搬救兵。

刘备立即同关羽、张飞点齐精兵三千，大败了黄巾军。随后，陶谦也向刘备求助，刘备与关羽、张飞领着本部三千军马在前，赵云引着两千人马随后，进入徐州城内。

陶谦请刘备进入府衙，拿出徐州印信交给刘备说：“你是汉室宗亲，正该为国效力。我年老昏庸，愿将徐州让给你。”刘备听了连连推辞。官员们见他俩互相推辞，便建议先商议如何让曹操退兵，然后再议让位之事。

刘备便说：“我先给曹操写封信，劝他退兵。要是他不同意，我们再同他交战也

不迟。”他在信中写道：“国内如今忧患无穷，董卓的余党还有残留，到处都是造反的黄巾军，你应以朝廷为重，不要光想着报私仇。如果你撤走徐州之兵，去救国救民，那将是天下的幸事啊！”

曹操看完信后大发雷霆，说：“刘备算什么东西，竟敢来教训我！我倒要看看他到底有什么能耐！”谋士郭嘉劝他说：“刘备这是玩了一招先礼后兵啊！不如我们也先友好地对他，让他放松警惕，然后再带兵攻城，这样就更容易获得成功了。”

曹操听从了郭嘉的劝告，正打算给刘备写回信。忽然有士兵报告说吕布已攻克兖州，正在进攻濮阳。曹操得到消息后大吃一惊，急忙下令撤兵回兖州平叛，并写信告诉刘备是看在他的面子上才退兵的。

听说曹操退兵后，陶谦让人请孔融、刘备、关羽、张飞等人赴宴以示感谢。宴席上，陶谦又提出了希望刘备接收徐州的请求，刘备再三推辞。最后，答应在徐州旁边的**小沛**（东汉时沛县的官方称呼）驻扎，守卫徐州。

读史启示

在流传了很久的历史故事中，我们总能发现人性的光辉。董卓故意打压孔融，但孔融没有自暴自弃，而是以乐观的心态积极建设北海，造福百姓，这种精神值得我们学习。太史慈的母亲受过孔融的恩惠，在关键时刻便让自己的儿子去报恩，即便危险重重，仍义无反顾，知恩图报的精神值得我们学习。刘备明知自己兵马不足，还是出兵去救援孔融与陶谦，无私的精神值得我们学习。陶谦为了国家能够更好，主动把徐州让给更有能力的人治理，顾全大局的精神值得我们学习。

成语接龙

先		后	兵	兵	强		壮
壮	志		云	云		风	轻
轻		轻	脚	脚	踏		地
地	久		长	长	吁	短	

答案：礼、马、凌、淡、手、实、天、叹

坚壁清野

原典

今东方皆以收麦，必坚壁清野以待将军，将军攻之不拔，略之无获，不出十日，则十万之众未战而自困耳。（西晋陈寿《三国志·魏书·荀彧传》）

成语释义

加强工事，使堡垒更加坚固。清理野外的粮食作物和重要物资，为敌人深入后的行动制造困难。

近义词

空室清野

造句

面对敌人的疯狂进攻，我军毅然选择坚壁清野，守护脚下的每一寸土地。

扫码听音频

历史故事

读史小贴士

时间：公元 194 年
地点：兖州
主要人物：荀彧、曹操

荀彧（yù）是东汉末年的政治家、战略家，曹操统一北方前的首席谋士。他是荀子的后人，年少时就很有名气，被称有“王佐之才”。

董卓掌权之后，荀彧弃官归乡。他对家乡父老说：“**颍（yǐng）川**（古代郡名，位于今河南省境内）地理位置重要，现在时局动荡，必会成为军事要地，大家应该尽快离开，不要久留。”人们怀恋故地，犹疑不定。荀彧便带着族人迁到冀州。后来，董卓出兵**关东**（汉代指函谷关以东），当初留在颍川的百姓大多遇难。

荀彧到冀州后，被袁绍待为上宾。但他看出袁绍不能成就大事，就投奔到曹操门下。曹操喜得人才，任命荀彧为**司马**（古代官职名，公府高级幕僚，参管军务）。荀彧跟着曹操征战，拿下兖州。不久，曹操任兖州牧，雄心勃勃地准备夺取徐州要地。

公元 194 年，曹操亲率大军出兵徐州，荀彧留守兖州。不料，曹操大军刚出发不久，他的手下张邈、陈宫就趁后方空虚发动叛乱，迎接吕布当兖州牧。荀彧立刻布置军队，才保下了鄄（juàn）、范、东阿三城。

当时，正赶上徐州牧陶谦病死，将徐州让给了刘备。曹操本想先拿下徐州，再回来收拾吕布。可荀彧知道曹操的想法后，说："当年汉高祖保守关中，光武帝刘秀据有河内，都是以稳固的根据地为基础，进可以制胜，退可以固守，最终完成大业。"

荀彧接着说："兖州就是您的根据地啊！一定得先稳定它。如今将军不顾兖州而去攻打徐州，我方留守兖州的军队留多了，则不足以取得徐州；留少了，倘若吕布此时乘虚而入，又不足以守住兖州。

最后，一定是弄得既失去兖州，又攻不下徐州。”

荀彧看曹操冷静下来思考，便继续说：“陶谦虽死，但刘备也不好对付。眼下正值麦收季节，听说徐州方面已组织人力抢收城外的麦子，然后运进城去。这说明他们已有准备，一旦传出您攻打的信号，他们必然加固防御工事，转移全部的物资，提前准备就绪迎击我们。我们的兵马就算去了，也不一定能顺利攻下城池。”

曹操听了荀彧的话，放弃了攻打徐州的打算，也开始收割熟麦，积蓄兵力。不久，便打败了吕布，收复了兖州的所有地盘，后来被汉献帝拜为兖州牧。

读史启示

荀彧劝阻了曹操急匆匆带兵攻取徐州的计划，避免了两头空的结局。这个故事告诉我们，做事情要一步一步脚踏实地，把一件事情做好了再开始下一件事情。如果手头的事还没有整理清楚就急着做另外一件事，只会导致两件事情都没能达成很好的结果。

成语接龙

坚		清	野	野	无	遗	
	疏	学	浅	浅		辄	止
止		至	善	善	男		女
女		补	天	天		云	淡

答案：壁、才、才、尝、于、信、娲、高

辕门射戟

原典

布令门候于营门中举一只戟，布言："诸君观布射戟小支，一发中者诸君当解去，不中可留决斗。"布举弓射戟，正中小支。诸将皆惊，言："将军天威也。"（西晋陈寿《三国志·魏书·吕布传》）

吕奉先射戟辕门，曹孟德败师淯（yù）水。（明罗贯中《三国演义》第十六回）

成语释义

三国时期的历史典故，是吕布为了阻止袁术击灭刘备所使的计谋。

造句

辕门射戟的故事中，吕布以他精湛的箭法平息了一场战争。

扫码听音频

历史故事

读史小贴士

时间：公元 195 年

地点：徐州

主要人物：吕布、刘备、袁术、曹操、纪灵

公元 194 年，吕布趁曹操攻打徐州时，与曹操的部将陈宫里应外合攻下兖州。一年后，曹操将吕布赶出兖州，吕布前往徐州投奔刘备。曹操担心二人联手对付他，便想办法让两人反目成仇。曹操先是借汉献帝的名义封刘备为徐州牧，同时又写信让刘备杀掉吕布，不料刘备将实情告诉了吕布，吕布再三感谢。

一计不成，曹操的谋士又献计说："可以一方面告诉袁术，刘备上表要吞掉他的一些地盘，另一方面下诏让刘备攻打袁术。到时候袁术肯定会想办法拉拢吕布，刘备和吕布就会决裂。"

这边，袁术听说了刘备要抢自己地盘的小道消息，非常愤怒，当即传令，命上将纪灵率十万兵马去攻打刘备。刘备接到诏书，虽然不愿意，但是不想抵抗王命，也只好硬着头皮率军前去攻打袁术，两军很快在**盱眙**（xū yí）（今江苏省淮安市下辖县）相遇。

刘备与关羽在前线抗击袁术，命张飞守着徐州。不料张飞喝酒误事，吕布趁机夺了徐州。袁术听说后，连夜让人给吕布送信，答应给他很多金银、粮食、马匹和绸缎，希望他能和自己一起夹击刘备。

刘备见徐州失守，吕布与袁术联手，只好撤兵逃走。过后，袁术却不想履行诺言，吕布便盛情邀请刘备再回徐州，继续驻守小沛，还送给刘备大量金银粮帛，两人于是和好如初。

袁术还记恨刘备之前攻打自己的事情，准备再次攻打他。袁术手下杨弘献计说：“现在刘备屯兵在小沛，但吕布盘踞在徐州，两人相互守望，贸然攻击刘备可能会遭到吕布的夹击。不如再派人送些钱物粮食给吕布，让他按兵不动，这样就能轻易击败刘备了。灭了刘备再抓吕布，徐州不就是咱们的了吗？”

袁术听了非常高兴，咬牙拿出二十万斛（hú）粟米，

派部将韩胤带着密信去见吕布。吕布知道袁术要给自己送东西，非常高兴，设宴盛情款待了韩胤。韩胤回去后报告袁术，袁术以为吕布已经被安抚好，就派遣纪灵为大将，雷薄、陈兰为副将，带领数万军队准备进攻小沛。

刘备听说后，写信向吕布求助。吕布这才明白之前袁术送东西是为了让他不去救援刘备。吕布心想：“袁术吞并了刘备后，下一个目标就是我啊！还是去救救刘备吧。”于是点兵起程，到了小沛附近，通知纪灵和刘备到自己寨中赴宴。

刘备带着关羽、张飞到达吕布寨中，才发现吕布还邀请了纪灵，以为吕布要害自己。纪灵来到后看到刘备也十分意外，以为吕布要替刘备借机杀了自己。

吕布见状赶紧解释说：“刘备是我的兄弟，现在被纪将军所困，所以我来帮他一把。我这人不爱打架，但是爱劝架，今天就让我来化解你们的矛盾吧！”纪灵问：“请问有什么解决的办法吗？”吕布说：“咱们让天意来做决断。”

吕布让人把他的方天画戟拿来，然后他拿

着方天画戟，在辕门外远远插定。吕布回头对纪灵和刘备说：“辕门离这里一百五十步，如果我一箭射中戟上的小支，你两家就此罢兵。如果射不中，你们各自回营，想怎么打就怎么打。”纪灵觉得吕布肯定射不中，就痛快答应了，刘备也高兴地应下。

只见吕布一箭便射中了方天画戟上的小支。他高兴地哈哈大笑，把弓扔到地上，拉着纪灵和刘备的手说：“这是上天叫你们两家罢兵啊！”纪灵苦着脸说：“回去没法向袁术交差。”吕布就写了一封信给袁术让纪灵带回去，刘备拜谢后也和关羽、张飞一起回到了小沛。

读史启示

吕布凭借自己的聪明才智和高超的射箭技艺巧妙帮刘备化解了危机，既救下了刘备，又没有为难纪灵。我们要学着用适当的方式化解矛盾，做事情要考虑周全，而且还要不断提高自己的能力，这样才能更有效地解决问题。

成语接龙

辕	门	射			指	怒	目
目		无	人	人		人	海
海	阔		空	空	穴		风
风		草	动	动		脱	兔

答案：戟、戟、中、山、天、来、吹、如

彩虹糖童书馆
Rainbow Candy Kids' Book House

爆笑三国成语

②群雄割据

郭珮涵◎编著

航空工业出版社
北京

内容提要

本书从三国早期群雄割据期间发生的历史故事中精选10个成语，说明成语的典故出处，解释成语的意义，罗列成语的近、反义词，运用成语造句，用风趣浅显的语言讲述成语的背景故事，揭示成语故事对孩子的启发意义，让孩子们学会成语的同时了解三国时期的历史。

图书在版编目（CIP）数据

爆笑三国成语．群雄割据 / 郭珮涵编著．-- 北京：航空工业出版社，2022.11

ISBN 978-7-5165-3176-1

Ⅰ．①爆… Ⅱ．①郭… Ⅲ．①汉语－成语－青少年读物 Ⅳ．① H136.31-49

中国版本图书馆 CIP 数据核字 (2022) 第 195203 号

爆笑三国成语・群雄割据
Baoxiao Sanguo Chengyu.Qunxiong Geju

航空工业出版社出版发行
（北京市朝阳区京顺路 5 号曙光大厦 C 座四层　100028）
发行部电话：010-85672688　010-85672689

唐山楠萍印务有限公司印刷　全国各地新华书店经售
2022 年 11 月第 1 版　2022 年 11 月第 1 次印刷
开本：710×1000　1/16　字数：41 千字
印张：4.75　定价：218.00 元（全 8 册）

目录

主要人物
曹操
刘备
汉献帝
孙策
鲁肃
周瑜
刘表
徐晃
护驾有功
三国

二 . 群雄割据

董卓专权引起各方不满，地方十八路诸侯组成讨董联盟。其中，袁绍、曹操、孙策、刘表等军阀乘势崛起，割据一方，天下局势从诸侯联合演变成了诸侯混战。

挟天子以令诸侯

原典

五侯九伯，女实征之，以夹辅周室。（春秋左丘明《左传》）

今操已拥百万之众，挟天子而令诸侯，此诚不可与争锋。（西晋陈寿《三国志·蜀书·诸葛亮传》）

成语释义

绑架天子号令天下诸侯，以皇帝的名义发号施令。比喻用领导的名义按照自己的意思去指挥别人。

近义词

挟天子以令天下　狐假虎威

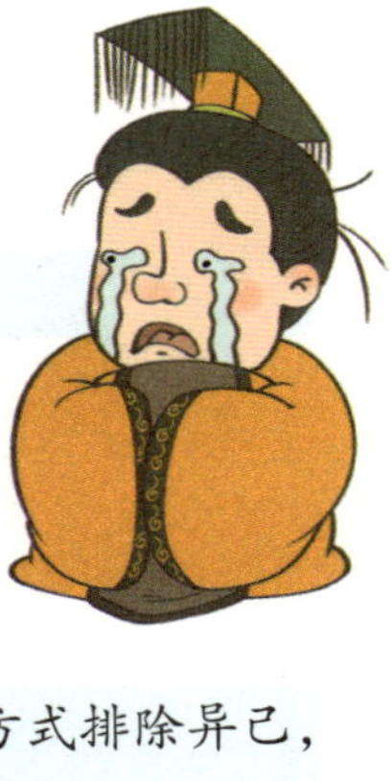

造句

曹操果然是一代枭（xiāo）雄，用挟天子以令诸侯的方式排除异己，扩张自己的势力，在群雄争霸的东汉末年站稳脚跟。

扫码听音频

历史故事

读史小贴士

时间：公元 196 年

地点：许昌

主要人物：曹操、汉献帝

东汉末年，皇室衰微，各地诸侯起义。董卓以平乱为由直奔洛阳，挟持汉少帝后，在洛阳烧杀抢掠、无恶不作。

公元 189 年，董卓废汉少帝刘辩，立刘协为皇帝，即汉献帝，并将他一路挟持到了长安。后来，吕布和王允联手解决了董卓，却又很快被董卓部将李傕（què）、郭汜打败。拥兵自重的李傕、郭汜开始火并，长安渐成一片废墟，汉献帝及朝廷百官逃到了洛阳。在奔逃途中，汉献帝下诏让各路诸侯到洛阳接驾。

但是，汉献帝抵达洛阳后，被他号召的诸侯，除了担任兖州牧的曹操，其他都没有前来。当时的汉献帝已经衣衫破烂，食不果腹，能得到曹操的支持也已经很开心了。

公元 196 年，曹操以京都洛阳粮草不足为由，把汉献帝接到了自己的地盘许昌，从此拉开了他“挟天子以令诸侯”的序幕。

那为什么当时最有实力的诸侯袁绍却没有来呢？

董卓死后，袁绍与曹操关系破裂。当时袁绍实力远胜曹操，有很多次机会可以将曹操击败。汉献帝发出勤王诏令后，袁绍的谋士沮授就提醒他将汉献帝这面大旗抢到手，但袁绍最终却并没有接受沮授的建议，以致失去了一个大好时机。

曹操迎汉献帝到许昌后，掌管了军政事务。慢慢地，他高举汉天子这面大旗，不仅扩大了自己的势力，将关中暂时置于自己的号

令之下，甚至诛杀公卿大臣，集军政大权于一身，俨然成了皇帝的代言人。他还自任为**大将军**（古代武官官职，东汉末年时位在三公之上），任袁绍为地位低于自己的太尉。

这时，袁绍才悔不当初。可即便如此，他也没有真正把曹操放在眼里，反而致力于讨伐公孙瓒。但公孙瓒防守严密，袁绍攻打几年都没能成功。这时，袁绍的谋士田丰建议他先夺取**许都**（许昌的别称），迎回献帝，再做别的打算。袁绍还是没有听。

公元 199 年，袁绍与曹操的矛盾激化，袁绍决定率十万精兵夺取许都，一举消灭曹操。沮授和田丰都劝谏说，近年来讨伐公孙瓒，

军队元气大伤，应该休养生息，多向天子进贡，慢慢对付其他诸侯，而且现在天子在许都，袁绍这么做实在是师出无名。袁绍不仅没有采纳他俩的意见，还听信了小人的谗言，削弱了沮授在军中的权力。

沮授在临行前，把亲戚们都叫在一起，将钱财分给他们，说："如果军队的实力能够保存，那么威势就无处不在；一旦势力被消灭，我们连自身也保不住，可悲啊！"他的弟弟沮宗说："曹操的人马那么少，完全无法匹敌袁军，您为什么要害怕呢？"

沮授叹了口气："凭借曹操的聪明谋略，并且有着胁迫天子发布号令的优势条件，我方虽然打败了公孙瓒，但军队十分疲惫，我们

的主帅骄傲，将领奢（shē）侈（chǐ），军队的溃（kuì）败，就在这一战了。”

公元 200 年，曹操与袁绍在官渡展开决战，其间多次对沮授的中肯意见不予采纳。曹操则借着汉献帝天子的名义，争取了很多支持，最终果然以少胜多，大获全胜。袁绍率剩下的军队狼狈逃回北方，不久后便病逝了。

读史启示

“挟天子以令诸侯”的典故最早出自《左传》。周平王东迁后，天子王权逐渐衰微，诸侯势力日渐坐大。齐桓公当上国君后，管仲建议他以“尊王攘夷”的名义号令诸侯，以在诸侯之中树立威望。于是，齐桓公利用齐国强大威势，以天下霸主的身份，公然出面，领导中原诸侯国。

这场官渡之战的发动本身就是没道理的。当时天下大乱，民不聊生，战争一场接着一场，百姓苦不堪言。袁绍在与曹操发动战争之前才刚大破公孙瓒。他手底下那么多能人异士献计，他不纳忠言，心胸狭窄，最终导致内部不团结，军队怨声载道，由此输掉了战争。

我们在做一件事情前要考虑它的正确性，如果这件事从根本上就是错误的，不会取得成功，就算成功了也会遭到他人的唾弃与谴（qiǎn）责。

望梅止渴

原典

魏武行役，失汲道，军皆渴，乃令曰："前有大梅林，饶子，甘酸可以解渴。"士卒闻之，口皆出水，乘此得及前源。（南朝宋刘义庆《世说新语》）

适见枝头梅子青青，忽感去年征张绣时，道上缺水，将士皆渴；吾心生一计，以鞭虚指曰："前面有梅林。"军士闻之，口皆生唾，由是不渴。（明罗贯中《三国演义》第二十一回）

成语释义

望：渴望，盼望。梅：梅子。人渴望吃到酸酸的梅子时会流口水，以此来解渴。后来形容愿望没办法得到满足时，就用想象的方式安慰自己。

近义词

画饼充饥　指雁为羹

反义词

实事求是　脚踏实地　名副其实

造句

小明一直想买一款玩具汽车，但他还没攒够钱，只能每天看看玩具汽车的广告望梅止渴。

扫码听音频

历史故事

读史小贴士

时间：公元 197 年

地点：宛城

人物：曹操、张绣、刘备、张飞、徐庶

曹操与刘备在后园“青梅煮酒论英雄”之际，看到墙边枝头上的梅子长得正好，便想起了当年自己在行军途中的“光荣事迹”……

公元 197 年，曹操带领士兵去征讨据守**宛城（隶属今河南省南阳市）**的张绣。那次行军路途遥远，一路上又都是荒山秃岭，环境恶劣，看不见一点水源。偏偏行军时正值夏季，烈日炎炎，骄阳似火，

一切都像被烤熟了似的。士兵们被晒得头晕眼花、大汗淋漓，一些身强体壮的士兵也因中暑陆续晕倒。

曹操目睹这样的情景，很是担心。一方面行军速度如此缓慢，恐怕会贻误战机；另一方面，要上战场的将士们都像霜打的茄子，军队的战斗力大打折扣。曹操心里明白，下令加快行军速度根本无济于事，因为士兵们确实走不动了。

于是，曹操叫来向

导，悄悄地问：“这附近可有水源？”向导无奈地摇摇头说：“据我所知，附近是没有水源的。最近的泉水也在山谷的那边，要绕很远的路。”

曹操思索了一会儿，对向导说：“等会儿你什么也别说，我来想办法。”说完就快马加鞭到士兵们歇息的地方，清了清嗓子，提高了声音说：“士兵们，我已经问过向导了，前面有一大片梅林，结满了酸酸甜甜、又大又好吃的梅子，大家坚持一下，绕过那片山谷就是梅林了！”

听闻前方有梅林，士兵们绝望的眼睛里又燃起了希望的小火苗。想到绕过前面的山谷就能吃到酸酸甜甜的梅子，他们都开始情不自

禁地流口水，甚至都顾不上口渴了。所有人像打了鸡血似的，都想要快点赶路，吃到梅子，于是打起精神，加快了赶路的步伐。

终于，士兵们怀揣着希望绕过了山谷。他们没有看到大片梅林，也没有吃到酸甜的梅子，但是看到了甘甜的泉水。士兵们痛饮一番，终于解了渴，修整过后，便精神焕发地赶路去了。

读史启示

曹操用善意的谎言，告诉士兵们前方有梅林，在士兵几乎绝望的时候给了他们希望，让士兵获得了继续前行的力量。我们在生活中也应该对未来有目标、有希望，对前景充满信心，这样才有拼搏、努力的动力。当因为前途茫茫而灰心丧气时，要时刻记得，只有充满希望，坚持不懈地走下去，才能获得成功。

望梅止渴是指渴望吃到梅子而流口水，以此来解渴。这样虽然解了渴，但毕竟没有吃到梅子，只是靠想象获得了一时的满足。当真正有了目标的时候，我们不能简单地望梅止渴，不要在想象中安慰自己，而要付出实际行动，去争取、去努力，只有这样才能将渴望的东西变成现实。

成语接龙

望	梅	止			而	穿	井
井		之	蛙	蛙		蝉	鸣
鸣	金		兵	兵	荒		乱
乱		英	雄	雄	才		略

答案：渴、渴、底、叫、收、马、世、大

弃暗投明

原典

公何不弃暗投明，共成大业？（明罗贯中《三国演义》第十四回）

成语释义

离开黑暗，投向光明。比喻与黑暗势力断绝关系走向光明的道路。

近义词

改邪归正　弃恶从善　改过自新

反义词

明珠暗投

造句

他深感同伴们的行为已对社会造成危害，于是弃暗投明，决定举报他们。

扫码听音频

历史故事

读史小贴士

时间：公元 197 年
地点：开封
主要人物：徐晃、杨奉、满宠、曹操

徐晃是三国时期曹魏的名将。但事实上，徐晃是后来才决定归顺曹操的。

早年，徐晃因跟随**车骑将军**（中国古代的高级将领官名）杨奉讨伐贼寇有功，被提拔为**骑都尉**（古代官名，掌监禁军）。后来，董卓被吕布所杀，长安更加混乱，徐晃说服杨奉护送汉献帝出逃。董卓的部下郭汜、李傕想杀掉汉献帝，平分天下，就命人一路追杀。

杨奉面对后面疯狂的追兵，有点应付不来，于是叫来了三个好哥们：韩暹（xiān）、董承和胡才一起帮忙。结果依然打不过郭汜、李傕的追兵，众人只好一边打一边跑，好不容易过了黄河，才把追兵甩掉，在**安邑**（今山西省夏县北）安顿下来。因保驾有功，徐晃被封为**都亭侯**（古代爵名，在乡之亭称野亭，在城之亭称都亭）。

公元196年，汉献帝一心想回到洛阳，于是众人又护送他逃往洛阳。汉献帝在逃亡路上向各路诸侯发出**勤王令**（君王向臣下发出的救驾命令），只有曹操回应并前来迎接。

公元 197 年，曹操建议汉献帝离开洛阳，移驾许都。献帝哪敢不听，群臣也没有一个人敢持反对意见。

当时，徐晃劝杨奉干脆归附曹操。杨奉本来决定接受徐晃的建议，但因保驾被封大将军的韩暹眼看曹操的架势，感觉自己要失势，就教唆杨奉一起劫驾。杨奉心动答应了。

曹操领着军队保护着汉献帝和众臣一路向开封进发，杨奉和韩暹突然率军出现，挡在前面。徐晃冲在最前面叫阵，曹操派许褚迎战。两人打了五十个来回都没分出胜负。曹操命人鸣金收兵。

曹操看徐晃是一员猛将，他这收集能人异士的老毛病又犯了，召集众谋士商量怎样才能收服徐晃。曹操的行军从事（官职名，主管文书）满宠是徐晃的老朋友，他自告奋勇去当说客，说服徐晃归附。

当晚，徐晃发现有人在他的帐前鬼鬼祟祟的，一看竟是扮成小兵模样的满宠，就把他请进营帐。满宠在帐里坐下，真诚地劝说道：“杨

奉、韩暹之辈成不了大事，曹将军是当世英雄，又是出了名的爱才，您为什么不干脆弃暗投明，与曹将军共同成就大业呢？”

徐晃觉得有道理，就连夜领着一队自己的亲信，和满宠奔向曹操的营寨了。

徐晃归顺曹操后，第一次领兵去平定卷县、原武县的贼军就大胜，回来后被曹操封为裨将军，之后更成为曹操手下**五子良将**（张辽、乐进、于禁、张郃、徐晃）之一，最辉煌的时候曾击败关羽，极受曹操重用。

优秀的人才应该选择能发挥自己才能的平台领导。做人也要善于审时度势，选择贤明的人辅佐，才能得到重用，充分施展自己的能力。就如同故事中的徐晃，懂得审时度势，也知道“良禽择木而栖”，所以跟随满宠投奔曹操，才有了后面辉煌的战绩。

弃		投	明	明		保	身
身	经		战	战	无		胜
胜		在	握	握		言	欢
欢	天		地	地	大	物	
	览	群	书	书		世	家
家		户	晓	晓	风		月

答案：暗、哲、百、不、券、手、喜、博、博、香、喻、残

倾家竭产

原典

蜀土富实，时俗奢侈，货殖之家，侯服玉食，婚姻葬送，倾家竭产。（西晋陈寿《三国志·蜀书·董和传》）

成语释义

倾注了全部身家，用尽了所有财产，形容在钱财上一无所有。

近义词

倾家荡产　一贫如洗　家徒四壁

反义词

发家致富　家财万贯　富甲一方

造句

他们一家人就算倾家竭产，也要治好老人的病。

扫码听音频

历史故事

读史小贴士

时间：不详
地点：益州
主要人物：董和、刘璋

董和是东汉末年蜀汉的官员，他的祖辈原本是**巴郡**（古代行政区，辖今天重庆市和四川省部分区域）**江州**（巴郡治所，今重庆市）人。他在治理郡县时尽心尽力，取得了良好的政绩。

汉朝末年，董和率领家族西迁，当时的**益州**（古地名，三国时期最大的三个州之一，在今西南一带）牧刘璋任命他为**牛鞞**（bēi）

县（古县名，治所在今四川省简阳市）和**江原县**（古县名，在今四川省崇州市）的县长，兼任**成都县**（古县名，位于今成都市区）县令。

蜀地是一块宝地，那里的人们都很有钱，生活非常充实和富足。但有一点不好的是，当地崇尚奢侈成了一种风俗习惯，经商的人家穿戴就像王公贵族一样，日常饮食也非常奢华，都是大鱼大肉。在办婚礼或者丧葬之事的时候，人们一定要办得特别盛大，好像要把所有的家产都花光似的。

董和就不太赞同这种崇尚奢侈的风俗习惯。于是，他亲自做表率，在生活上、饮食上都非常节俭，穿着也不追求华丽，非常朴素。董和想，自己只是小小的县长，自己的行为不能逾越身份，过得比贵族还要奢侈。

董和在生活中处处以符合礼制的行为为准则，还专门制定相关的法规。有这样的县长带头，老百姓也开始渐渐认清事实，心存畏惧而不敢违犯。当地的风俗有了良好的转变。

有人赞赏董和的做法，但也有些人反对。县里的豪强因害怕董和的严厉法度，劝说刘璋将董和调走，去做**巴东属国**（东汉时刘璋分巴郡为巴东郡、巴郡、巴西郡及巴东属国）的**都尉**（东汉时武官官职，监理民政）。但是，由于董和在当地老百姓中有非常不错的口碑，所以有数千官吏和老弱百姓互相搀扶着请求董和留下。刘璋见了这番情境，便允许他留任两年，后来还把董和升任为益州太守。

董和没有因升官而骄傲，还是像过去一样节约，过着朴素的生活。他与少数民族百姓交流时，总是用真心相待，所以南方少数民族百姓也非常爱戴和信赖他。

读史启示

董和为官正直清廉，为人朴素节约，以一己之力纠正了当地崇尚奢侈的不良风气，也因此受到百姓们的爱戴。我们在生活中也应当学习董和的美好品质，不浪费粮食，不浪费资源，不参与物质方面的攀比，勤俭节约，朴素地生活。此外，还应当学习董和真诚待人的美好品德，用真心待人，才能够收获别人的真诚相待。

成语接龙

四	面		歌	歌		升	平
平		近	人	人	面		心
心	口		一	一		定	音
音		全	无	无	济	于	

答案：楚、舞、易、兽、不、锤、信、事

喜怒不形于色

原典

少言语，善下人，喜怒不形于色，好交结豪侠，年少争附之。（西晋陈寿《三国志·蜀书·先主传》）

成语释义

无论是高兴还是恼怒都不表现在脸色上。指人个性沉着，感情不外露。

近义词

宠辱不惊　面不改色

反义词

喜形于色　大惊失色

造句

我们教导主任喜怒不形于色，真猜不透他的心思。

历史故事

读史小贴士

时间：公元 199 年

地点：许昌

主要人物：刘备、曹操

刘备是三国时蜀汉的开国皇帝。他自称是汉景帝之子中山靖王刘胜的后人，由于先祖曾经犯过错误，触犯了法律被削去爵（jué）位，最后在涿（zhuō）县安家。刘备少年丧父，与母亲靠贩卖草鞋和织芦席为生。

在他家中院落的东南角有一颗桑树，桑树枝繁叶茂，长得极其雄伟，枝叶如同马车的盖子，路过的人见了都觉得这棵树长得非同一般，预言这户人家将来要出贵人。

刘备和小伙伴一起玩耍时，指着这棵桑树说：“我以后一定要乘坐**羽葆盖车**（皇帝专用的座驾）。”一旁刘备的叔叔赶紧制止他说：“小孩子别乱说话，否则我们整个家族都得遭殃！”

刘备十五岁时，与同宗的刘德然、贵族子弟公孙瓒一起拜当时的大儒卢植为师。他身边的人觉得可惜的是，刘备虽然知礼懂礼，却不爱读书，并且喜欢结交江湖上的豪侠义士。渐渐地，刘备倒也将名声打了出去，许多年轻人都争相与他交朋友，为他做事。不过，他和别人在一起时往往不会轻易表达出自己的喜怒之情。

随着年龄的增长，刘备这种喜怒不形于色的性格更加明显。最能够体现他这种性格的，当属刘备与曹操一起煮酒论英雄的故事。

公元199年，刘备先后败给了袁术和吕布，军队溃散，只好归附了曹操。他每天在府邸里种菜，韬光养晦。一天，许褚和张辽带了几十个人到刘备的菜园里，说丞相要请他喝酒。刘备觉得事情不简单，但也没办法推脱，于是随他们入府见曹操。

曹操迎来了刘备，高兴地说："看到这青梅，想起了以前行军的时光，又恰好煮了酒，所以邀请你来一同品尝。"二人对坐，开怀畅饮。

不知不觉天色大变，乌云滚滚，骤雨将至。曹操却突然来了兴致，和刘备谈论起世间英雄，还请刘备谈谈自己的看法。刘备列举了淮南的袁术、冀州的袁绍、威镇九州的刘表、江东领袖孙策等人，但谁知都被曹操一一反驳回来。

刘备无奈，只得说:“我见识不多，除此之外，我实在是不知道了呀！”曹操大笑:“能称为英雄的人，应该胸怀大志，腹有良谋，我看这世间英雄唯你我两人喽！”

听了这话，刘备大惊，手里拿的筷子和勺子都不禁掉在地上，但脸上并没有太多表情。恰好这时大雨倾盆而下，雷声震天响，刘备回过神来，才从容地低头拿起筷子和勺子说:“哎哟，这鬼天气把我吓了一跳，筷子、勺子都掉了。”曹操虽心生疑惑，但这个理由也算合理，便没再多想。

经过此事，刘备知道曹操开始忌惮自己，这次的聊天既是试探也是警告，后来便果断脱离曹操的阵营。

读史启示

当你的梦想别人不认同，或者别人说你坏话的时候，你是否能够做到不生气？

喜怒哀乐不形于色体现了一个人的阅历和性格。这并不是很容易就能做到的，毕竟人都有七情六欲，有什么情绪就表现在脸上也是很正常的。然而刘备年纪轻轻就可以做到喜怒不形于色，可见他城府之深，也因他从小吃苦太多，太小就见识到当时社会的险恶。因此，要做到喜怒不形于色，就要学会控制自己的情绪，让自己尽快变得成熟，遇到任何事情，都要先听，再看，后想。不要急于表达自己的态度和观点，做任何事情之前都要经过仔细的思考。

成语接龙

□	理	力	争		争	□	夺	利
利	□	智	昏		昏	昏	□	默
默	默	□	闻		闻	□	则	喜
喜	□	不	形	于	色			

答案：据、名、令、默、无、过、怒

万全之策

原典

而道法万全，智能多失。夫悬衡而知平，设规而知圆，万全之道也。（战国韩非《韩非子·饰邪》）

故为将军计者，不若举州以附曹公，曹公必重德将军；长享福祚（zuò），垂之后嗣（sì），此万全之策也。（西晋陈寿《三国志·魏书·刘表传》）

成语释义

策：计策、办法。形容极其周到的计策、办法。

近义词

锦囊妙计　万全之计

反义词

无计可施　权宜之计

造句

在这里等待救援不是万全之策，我们得自己想办法逃出去。

扫码听音频

历史故事

读史小贴士

时间：公元 199 年
地点：荆州
主要人物：刘表、张绣、曹操、韩嵩

刘表是东汉末年的皇族、名士，东汉末年群雄之一。后来，他远交袁绍，近结张绣，势力越来越大，成了曹操的心腹大患。但是他生性多疑，又喜欢夸夸其谈，不喜欢开疆拓土，没有其他诸侯平定天下的志向。

公元 198 年，曹操再次南征张绣，将他包围在其据守的**穰（ráng）城（在今河南省邓州市）**。刘表派兵增援张绣，企图与张绣夹击曹军，

战争持续了很久，双方都有胜有负。在此期间，刘表趁机攻下零陵、桂阳两郡。

当时，刘表与**交州（中国古地名，辖今中国广东省、广西壮族自治区及越南北部）**牧张津产生了矛盾，两人一言不合就开打，甚至闹到了你死我活的地步。从公元 199 年开始，张津连着四年对刘表出兵，让刘表十分头疼。

第二年，曹操与袁绍的军队相持于官渡，一场旷世大战一触即发。当时，据守南阳的张绣接受谋士贾诩（xǔ）的建议，投降曹操。曹操牵着张绣的手，一起参加宴会，让自己的儿子曹均娶了张绣的女儿，并封张绣为**扬武将军**（古武官名，统兵出征）。

袁绍一看，也派人向刘表请求支援。但刘表正忙着和张津打仗，他一边答应会帮忙，一边又不正式派遣军队助战。其实，他只希望在长江与汉水之间这片地盘自保，坐观天下之变。

刘表帐下的谋士韩嵩（sōng）对刘表说：“现在曹操和袁绍在官渡相持，谁也不让谁。决定天下将来如何的重担，都在将军您身上了。您若是希望在这个乱世有所作为，就应该趁着天下方乱而起事，或者选择一个能够领导天下的人帮助他。”

同为谋士的刘先也劝他说：“将军现在坐着观望，以后就不可能继续从容自立了。依我看，曹操明事理，肯定能打败袁绍。不如我们依附曹操，日后他必然会厚待将军，这样便可以长久地享福，让子孙的生活也安定，这才是真正的万全之策。”

刘表狐疑不决，派遣韩嵩前去会见曹操，打探情况。韩嵩从许都回来后，对刘表说：“曹操有威信，有德行，是真正的明主。”他还劝刘表派儿子过去为质。

刘表却因此怀疑韩嵩反为曹操做事，大为愤怒，要杀韩嵩。当问及韩嵩的随行者时，得知韩嵩只是说出肺腑之言，并没有别的意思，才打消了杀韩嵩的念头，但仍将他囚禁起来。

最终，刘表也没有在助袁或助曹这道选择题里写出答案，而是继续专心经营荆州。他的这种态度虽然没有让他在官渡之战中分得

好处，但也为荆州营造了一个相对比较安全的环境，许多士民纷纷前往荆州避难，甚至包括诸葛亮。

读史启示

关于刘表在官渡之战中没有选择帮助袁绍或者投靠曹操的做法，人们众说纷纭。但是结合刘表当时的情况，他与张津本来已经连年交战，如果再出兵加入官渡大战，可能也并不是个明智的选择。但是，他在韩嵩找曹操谈判后，却不信任韩嵩，反而还要杀了他，就是他自身多疑的性格造成的。这样做，会寒了身边真心为他做事的谋士的心。我们要在与伙伴的相处中保持对他们起码的信任。

另外，很多人喜欢较真抬杠，凡事非要争个你对我错，好像正确答案只有一个，而且只有自己的意见才是正确的。争吵的结果，往往谁也说服不了谁，有时还伤了朋友间的感情。其实，很多时候正确答案不止一个。

万		之	策	策	名		列
列	鼎		食	食		而	肥
肥		大	耳	耳	目		新
新	陈		谢	谢		谢	地
地		天	长	长	久		计
计	日		待	待		闺	中

答案：全，就，而，言，头，一，代，天，久，之，可，字

指困相赠

原典

瑜曰："子敬是我恩人，想昔日指囷（qūn）相赠之情，如何不救你？你且宽心住数日，待江北探细的回，别有区处。"（明罗贯中《三国演义》第五十四回）

成语释义

囷：古时候装粮食的仓库。指着粮仓里的粮食捐赠给对方，形容慷慨大方地帮助朋友。

近义词

拔刀相助　慷慨解囊

反义词

善财难舍　一毛不拔

造句

在抗击疫情的艰难日子里，热情的邻居指囷相赠，送给我们很多防疫物资和生活物资，使我们的情谊更加深厚。

扫码听音频

历史故事

读史小贴士

时间：公元 198 年
地点：临淮郡
主要人物：鲁肃、周瑜、孙权

鲁肃是三国时期东吴的名将，也是孙权非常信任的战略家和外交家。

鲁肃出身临淮郡**东城县**（今安徽省定远县）的一个富庶家族，家产十分丰厚。鲁肃从小也十分聪明，能文善武，志向远大。当时社会动荡，民不聊生。鲁肃不仅不治家事，反而大量施舍财物粮食给受苦受难的人，广交有才学的贤士，深受乡民的拥戴。

公元 198 年，周瑜在袁术手下任职。因为不满袁术的目光短浅与骄横无知，加上一直与江东的孙策交好，周瑜就自请调任居巢（古地名，今巢湖以南）县长，想趁机回江东找孙策。

周瑜在任职居巢县长期间，听说鲁肃是一个不可多得的人才，很想结识他。有一天，周瑜带着数百名士兵，故意从鲁肃家门前经过，顺路去拜访他。一番寒暄过后，周瑜对鲁肃说：“我初来这里，军中粮食有些紧缺，不知道您能不能借我一些？”

鲁肃看周瑜气宇轩昂，谈吐不凡，早就有结交之心。一听他要借军粮，心想正好作个见面礼。于是，他拉着周瑜来到自己存放粮食的后院，指着两个大粮仓说:“这里有两囷米，每囷三千石（dàn）（古代的重量单位，一石约 29.95 千克）左右，你随便拿走一囷好了。”

周瑜一听，非常感动。从此以后，两人便经常来往，成了非常要好的朋友。后来，战乱很快蔓延到了鲁肃的家乡附近，鲁肃带领族人举家南迁，搬到了周瑜所在的居巢寻求庇佑。再后来，周瑜带着鲁肃一起从居巢迁到吴郡，投奔了孙策。

孙策死后，孙权继位，周瑜向他举荐了鲁肃，并盛赞鲁肃是个不可多得的人才。孙权见到鲁肃后，与他一番交谈下来，十分高兴。后来两人同榻合饮，孙权向鲁肃请教治国的办法，鲁肃便向他提出了鼎足江东的“榻上策”。此后，孙权开始重用鲁肃。

随着时间的推移，周瑜和鲁肃的情谊也越来越深，两人对彼此也更加信任。公元210年，周瑜不幸染病，在弥留之际，他写信给孙权，推荐鲁肃接替自己**大都督**（这里指三国时东吴遇战事临时设置的军事统帅）的职位。

读史启示

从这个故事里，我们看到了鲁肃与周瑜的深厚情谊。两人本来素不相识，是鲁肃慷慨大方、乐于助人的美好品质让他收获了周瑜这位挚友。因为曾经伸出了援手，所以鲁肃才能在日后遇到战乱的时候也得到周瑜的庇佑，甚至得到周瑜的引荐，进入东吴集团，成为重要的成员。我们在生活中也要对周围的人和事怀有善意，在日后某一天，我们也可能从别人那里收获善果。

成语接龙

表		如	一	一		无	成
成	千		万	万	丈		渊
渊	源	有			相	残	杀
杀	一		百	百	废		兴

答案：里、事、上、深、自、自、儆、待

乘虚而入

原典

勋（xūn）问其故，对曰："上缭（liáo）虽小，城坚池深，不可旬日而举，则兵疲于外，而国内虚。策乘虚而袭我，则后不能独守。是将军进屈于敌，退无所归。若军必出，祸今至矣。"（西晋陈寿《三国志·魏书·刘晔传》）

成语释义

挑选敌人兵力薄弱的地方进攻，现在多指趁着对手没有防备或者防备薄弱主动出击。

近义词

乘人之危　攻其不备

反义词

无懈可击　无隙可乘

造句

如果不勤加锻炼提升抵抗力，病菌就会乘虚而入，损害我们的身体健康。

扫码听音频

历史故事

读史小贴士

时间：公元 199 年
地点：庐江
主要人物：刘晔、刘勋、孙策

刘晔（yè），淮南**成德（古县名）**人，是三国时期曹魏著名的战略家。他料事如神，对天下发展形势的预测往往一语中的。刘晔历仕数朝，辅佐过曹操、曹丕、曹叡（ruì）三代君主，深得世人尊重。

汝南人许劭（shào）是东汉末年著名的人物评论家。最初，许劭被征召为官，但他不愿意去为自己认为的“小人”杨彪做事，就

跑到扬州避难。在那里，许劭见到了刘晔，称赞他有辅佐天下的才能。面对许劭的称赞，刘晔有点摸不着头脑。

当时，扬州有一个叫郑宝的人，十分好战还很霸道，当地的人都有点害怕他。郑宝想让百姓都迁到江南去，他看中刘晔在当地的名望，就威逼刘晔支持他这一举动，煽动百姓迁居。刘晔一直想不到办法解决这个麻烦。恰好此时曹操派遣使者来到扬州，刘晔便找机会去拜见使者，还请使者回自己家住下。

郑宝也想向使者献殷勤，得知使者在刘晔家后，就带了大队人马和礼品前来问候。刘晔让家里的仆人在中门外备好酒菜供宾客用餐，随后就把郑宝拉进房间喝酒，想趁他喝醉杀了他。谁知郑宝不喜欢喝酒，根本没有醉。刘晔只好亲自动手杀了他。

得知郑宝已死，跟着郑宝一起来的几百人逃回了军营。刘晔担心此事会引起士兵造反，就到军营中去游说、安抚他们。众人十分钦佩，拥戴刘晔坐上了郑宝的位置。但刘晔不想拥兵，便把他们托付给了庐江太守刘勋。

当时，刘勋在江淮实力超群，孙策感觉受到了威胁，就假装与他结盟，想借刘勋的兵去攻打**上缭城（位于今江西省北部）**，自己坐收渔翁之利。刘勋没有多想，答应了孙策，在其他人都来恭贺刘勋受到孙策重用的时候，刘晔始终觉得事情没那么简单。

刘勋不解，刘晔解释道："上缭虽然小，但城池坚固，易守难攻，短短十几天很难攻克，到时候将士们都打得筋疲力尽，万一孙策乘虚而入，袭击我们，那岂不是很难抵挡？到时候我们前有上缭，后有孙策，肯定很不利啊！"

刘勋不相信，坚持出兵去了上缭，果然被孙策乘虚而入。刘勋被逼无奈，只好投奔了曹操，刘晔也一起跟随他，开始了辅佐曹操的生涯。

读史启示

孙策让刘勋的军队去攻打上缭，目的就是尽可能消耗战士们的精力，自己再乘虚而入。可以说，孙策这种做法辜负了刘勋的信任，非常卑鄙，我们应当引以为戒。但同时，我们也要从刘勋身上吸取教训，要善于听取别人合理的建议，不能意气用事，看事情要考虑多种可能性，全面地思考问题。

顾曲周郎

原典

瑜少精意于音乐，虽三爵之后，其有阙误，瑜必知之，知之必顾，故时有人谣曰："曲有误，周郎顾。"（西晋陈寿《三国志·吴书·周瑜传》）

成语释义

原指三国时期的周瑜精通音律，后来引申为爱好并且精通音乐的人。

近义词

绕梁三日　高山流水

造句

文艺委员从小就表现出了超高的音乐天赋，赞叹她一声"顾曲周郎"也毫不为过。

扫码听音频

历史故事

读史小贴士

时间：不详
地点：吴郡
主要人物：周瑜、孙策、大乔、小乔

周瑜是三国时期的名将，也是一位出色的军事家。他出身名门，不仅文武兼备，还精通音律。加上他本人身材高大，容貌俊美，所以被人们亲切地称为“周郎”，是当时人们热捧的偶像。

周瑜年轻时和孙策关系十分要好。孙策在江东起兵后，周瑜果断加入。孙策闻周瑜到来，亲自出城迎接，授周瑜**建威中郎将**（古武官名），调拨给他大量士兵、战骑。此外，孙策还赐给周瑜鼓吹乐队，替周瑜修建住所，赏赐之丰厚，无人能与之相比。

周瑜和孙策一起并肩打败扬州牧刘繇，后来慢慢平定了江东。再后来，孙策带兵袭取了庐江，攻取扬州庐江郡的皖城后，虏（lǔ）获了乔太守家的乔氏姐妹。孙策娶了姐姐大乔，将妹妹小乔许给了周瑜。倾国倾城的小乔和英俊潇洒的周瑜在一起，引得后人频频称赞。

有一天，天气晴朗，阳光明媚，孙策、周瑜分别带两人各自的夫人踏青归来，看到有一位歌女正在弹曲。当时周瑜喝了酒，有些醉意，见有歌女弹曲，便命她弹奏一曲自己创作的《长河吟》。

歌女不敢怠慢，很快弹奏起来。起初音乐悠扬，后来逐渐变得抑扬顿挫，引人入胜。由于歌女并不熟悉此曲，加上听曲的人位高权重，所以在弹奏时心里紧张，手一颤，把原本的低音弹成了强音。

此时，另外三人都还沉浸在音乐中，微醉的周瑜却听出了不对，并指出了歌女的错误。孙策、大乔和小乔都惊呆了，没想到醉酒的周瑜居然还能指出曲子错在了哪里。

从此，周瑜的才气就更加出名了，天下便流传着“曲有误，周郎顾”的故事。

读史启示

周瑜能在醉酒的情况下，听出演奏者弹错了哪个音，除了因为周瑜有着超高的音乐造诣，肯定还源于他本人对自己的乐曲非常熟悉。这启示我们，想要提高自己的能力，就要对要做的事进行不断的重复与记忆，这样才能熟能生巧即便在对自己不利的环境下也能正常发挥。

	曲	周	郎	郎		女	貌
貌		神	离	离	合		欢
欢	天		地	地		天	长
长		不	老	老	气		秋
秋	月		花	花		月	下
下		巴	人	人	山	人	

答案：顾、才、合、悲、喜、久、生、横、春、前、里、海

开门揖盗

原典

况今奸宄（guǐ）竞逐，豺狼满道，乃欲哀亲戚，顾礼制，是犹开门而揖（yī）盗，未可以为仁也。（西晋陈寿《三国志·吴书·吴主传》）

成语释义

开门请强盗进来。比喻引来坏人，招来祸患。

近义词

引水入墙　引狼入室

反义词

拒之门外　如临大敌

造句

你住的是平房，晚上睡觉还不关窗户不锁门，简直就是开门揖盗。

扫码听音频

历史故事

读史小贴士

时间：公元 200 年
地点：建业
主要人物：孙权、张昭、孙策、许贡

东汉末年，有一位杰出的军事家叫孙权，他的父亲孙坚和哥哥孙策也是那时有名的军事奇才。

公元 196 年，21 岁的孙策平定江东诸郡，15 岁的孙权也已贤名远扬。当时，孙权不仅被朝廷任命为**阳羡**（今江苏省宜兴市）县长，还被**吴郡**（治所在今江苏省苏州市姑苏区）太守朱治察举为**孝廉**（汉代被推举进入仕途的士人），被扬州刺史严象推举为**茂才**（东汉时期的秀才）。

东汉朝廷考虑到，孙策远在江东还能尽到臣子的职责交纳贡物，便派遣使者刘琬给他赐予爵位。见面之后，刘琬对身边的人说："我看孙家兄弟虽然个个才华出众，深明事理，但富贵与寿命都不会长久。只有老二孙权，紫髯（rán）碧眼，样貌奇异，不同于凡人，是大贵之相，寿命也是最长的。你们可以等以后看我的话灵不灵验。"

这期间，前吴郡太守许贡失势之后，一直谋划夺回吴郡。于是，他偷偷向朝廷上表说，孙策骁勇善战，如果放任他势力扩大，终将会变成朝廷和曹操的祸患，建议将孙策调到京师，以便控制他。这封奏表被孙策截获，他下令绞杀了许贡。

公元200年，年仅26岁的孙策意气风发，统一江东。当时曹操和袁绍在官渡对峙，孙策秘密谋划趁机袭击许都，迎汉献帝至江东。不料，却在一次狩猎时被许贡门客行刺，回来不久，含恨而终，军政大权一下子交到了孙权手里。

面对哥哥的突然离世，孙权悲痛不已，天天以泪洗面。

孙策的属下张昭对孙权说："现在是哭的时候吗？你不妨想想从前，即便是周公订立的丧礼，他的儿子伯禽也没有遵守。他是不想遵守吗？当时**徐戎**（周代居住在今徐州一带的少数民族）作乱，他只能停止服丧率兵讨伐，最后平定了徐戎。如今曹操挟天子

以令诸侯，各地叛乱纷起，你却要在这里沉迷于发泄个人悲痛，这无异于打开门户，等着强盗上门，这样做是万万称不上‘仁’的！”

孙权听了这样的训导，立刻将身上的丧服换掉，外出巡查军营。慢慢地，张昭、周瑜等人都认可了孙权的努力，认为可以与他一起成就一番大事业，开始心甘情愿臣服于他。

后来，东吴渐渐人心稳定，不断壮大，与魏、蜀形成了三国鼎立的局面。

读史启示

哥哥突然离世后，孙权一开始以个人情感为上，沉浸在悲痛中无法自拔。但被张昭训斥后，立即明白了当下并不是悲伤的时候。周围强敌环伺，自己最应该做的是振奋精神，保护父兄辛苦赢得的战果。否则，自己消极放弃抗争，等其他诸侯打过来，就什么都没有了。

国家也是一样，落后就要挨打。我们要永远将国家大事放在首位，不能只顾自己的个人情绪而对外在环境麻痹大意。对于个人而言，要时刻保持警惕之心，学会保护自己。

成语接龙

开	门		盗	盗		主	人
人		世	故	故	弄		虚
虚	张		势	势		破	竹
竹		之	交	交	头		耳

答案：揖、怨、情、玄、声、如、马、接

护驾有功

彩虹糖童书馆
Rainbow Candy Kids' Book House

爆笑三国成语

③ 曹操统一北方

郭珮涵 ◎ 编著

航空工业出版社
北京

内容提要

本书从曹操统一北方期间发生的历史故事中精选10个成语，说明成语的典故出处，解释成语的意义，罗列成语的近、反义词，运用成语造句，用风趣浅显的语言讲述成语的背景故事，揭示成语故事对孩子的启发意义，让孩子们学会成语的同时了解三国时期的历史。

图书在版编目（CIP）数据

爆笑三国成语．曹操统一北方 / 郭珮涵编著．-- 北京：航空工业出版社，2022.11

ISBN 978-7-5165-3176-1

Ⅰ．①爆… Ⅱ．①郭… Ⅲ．①汉语－成语－青少年读物 Ⅳ．① H136.31-49

中国版本图书馆CIP数据核字(2022)第192837号

爆笑三国成语·曹操统一北方
Baoxiao Sanguo Chengyu.Cao Cao Tongyi Beifang

航空工业出版社出版发行
（北京市朝阳区京顺路5号曙光大厦C座四层　100028）
发行部电话：010-85672688　010-85672689

唐山楠萍印务有限公司印刷　　全国各地新华书店经售
2022年11月第1版　　2022年11月第1次印刷
开本：710×1000　1/16　　字数：41千字
印张：4.75　　定价：218.00元（全8册）

目录

主要人物
曹操
刘备
袁绍
张郃
关羽
徐庶
刘表
司马徽
三国

三·曹操统一北方

在各地诸侯的连年混战中，袁绍与曹操两大势力集团迅速壮大起来。官渡一战，双方上演最终对决，曹操完胜，顺势北征乌桓，统一了北方。

不出所料

原典

丰在狱中闻主公兵败，抚掌大笑曰："固不出吾之所料。"（明罗贯中《三国演义》第三十一回）

成语释义

指事情的发展变化都在预料之中，形容原先预测得准确。

近义词

果不其然　料事如神

反义词

出乎意料　突如其来　出其不意

造句

他平时不认真学习，不出所料，这次的考试成绩果然又不理想。

扫码听音频

历史故事

读史小贴士

时间：公元 200 年

地点：冀州

主要人物：田丰、袁绍、曹操、逢纪

三国时期的田丰博学多才，在冀州很有名望。最初，他是冀州牧韩馥的下属，但因过于正直，不受重用。后来，袁绍使用计谋，夺取了冀州的主事权。他听说田丰非常有才能，就带着贵重的礼物，言辞恳切地请求田丰加入自己的队伍，还任命他为**别驾**（官名，东汉时州刺史的辅佐官），以显示自己的器重。

官渡之战前夕，当时还在曹操麾（huī）下做事的刘备因**衣带诏**（汉献帝想除掉曹操，用鲜血写出诏书缝在衣带里送出宫）事件，高举大旗对抗曹操。于是，曹操一气之下，亲自率兵讨伐刘备。

袁绍的谋士田丰很敏锐，他察觉到这是一个机会，对袁绍说："曹操现在在攻打刘备，他们打仗一时半会儿肯定不会结束，我们现在就袭击他们后方！"

袁绍想了想，觉得还是照顾生病的儿子重要，便推辞说："哎呀，这种事再说吧！"田丰为人刚正，却也心直口快，他叹了口气说："大好时机就因为小孩子生病而丧失，真是可惜啊！"袁绍是一个小心眼儿的人，听到田丰的话恼羞成怒，渐渐开始疏远他。

后来刘备兵败，投奔袁绍，袁绍这才准备跟曹操开打。田丰此时又进谏说：“曹操现在实力不容轻视，应该做好打持久战的准备，不能妄图一战定成败。”当时，袁绍同时掌控着冀州、青州、幽州、**并州**（古九州之一，位于今内蒙古河套，山西省太原市、大同市和河北省保定市一带）四地，实力空前强大。他心里暗想：自己这边兵力足，地势好，有什么不能打的？田丰说这种话就是在扰乱军心。一气之下，就把田丰关了起来。

曹操听闻田丰不在军中，高兴地对身边的人说："袁绍必败。"果然，袁绍这仗输得一败涂地。仓皇逃走途中，袁绍听到自己的士兵们互相诉说失去兄弟、同伴的苦楚，心里很不是滋味。

袁绍快到家时，他的谋士逢纪前来迎接。袁绍忍不住向逢纪诉苦："我真的后悔没有听田丰的话。曾经有一份正确的谋略放在我面前，我没有珍惜，如果上天再给我一次机会，我一定……"

逢纪之前与田丰唱反调，力主决战，此时见状害怕袁绍反应过来怪罪自己。他眼珠一转，打断了袁绍的苦情戏

码。他说："主公，田丰在狱中听说您兵败后，居然拍手大笑着说'果然不出我所料！'"袁绍一听，当即不哭了，愤怒地提起宝剑喊道："这个酸臭的腐儒（rú）还敢笑话我？传我命令，给我杀了他！"

另一边，看管田丰的狱吏对田丰说："袁将军这次大败而归，肯定认识到了自己的错误，您必定会再次得到重用！"田丰苦笑着摇摇头，说："并非如此，我马上就要死了。"狱吏大惊，想不明白缘由。

田丰解释说："主公看起来宽容，实际上猜忌心很重，从不信任我的忠诚。如果他打赢了，回来高兴，或许还能赦免我以示他的宽容与英明。现在他输了，内心一定羞愧又愤恨，我大概会被他杀了泄愤。"

说话间，袁绍的亲信已来到牢房，说是传袁绍命令，来取田丰首级的。狱吏们全都泪流满面。田丰说："大丈夫生在天地之间，却不能自由地选择明主跟随，是不明智的！今天赴死，也没什么可惋惜的。"于是他拔剑，在狱中自刎。

没有了田丰的谋划，袁绍很快在官渡之战中大败，不久就病逝了。

读史启示

从这个故事中我们可以看出，良禽应择木而栖，人也应选择品行好的人进行交往。像田丰这种刚正不阿的人，遇到袁绍这种心胸狭窄或是逢纪那种喜欢挑拨离间的人只会吃亏，所以交朋友也要擦亮眼睛。另外，这则故事也告诉我们，一个领导者要有容人的雅量，善于听取下属的建议，否则就会像袁绍一样独断专行，一条错误的道路走到黑，从而错失成就大事的机会。

成语接龙

不		所	料	料		如	神
神	出		没	没	齿		忘
忘	恩		义	义	薄	云	
	作	之	合	合		为	一

答案：出、事、鬼、难、负、天、天、二

箭在弦上 不得不发

原典

太祖平邺，谓陈琳曰："君昔为本初作檄书，但罪孤而已，何乃上及父祖乎？"琳谢曰："矢在弦上，不得不发。"太祖爱其才，不咎。（宋 李昉、李穆、徐铉等奉敕编纂《太平御览·文部卷十三·檄》）

成语释义

由原典中"矢在弦上，不得不发"引申而来，指箭已经搭在弦上，不能不发射出去。形容为形势所迫，被人指使，身不由己，不得不这么做；也形容事情紧急，已经到了不得不采取行动的时候。

近义词

如箭在弦　迫不得已　刻不容缓

反义词

心甘情愿　不急之务

造句

当时的处境犹如箭在弦上，不得不发，所以我们这么做也是迫不得已。

扫码听音频

历史故事

读史小贴士

时间：公元 200 年
地点：洛阳
主要人物：曹操、陈琳、袁绍

曹操是三国时期著名的政治家，他不光能文能武，还非常善于发现人才并把他们团结在自己周围，甚至包括反对过自己的人。“建安七子”之一的陈琳，是东汉末年的文学家，很擅长写文章，“箭在弦上，不得不发”就是发生在曹操和陈琳之间的故事。

陈琳原来在袁绍手下做文书的工作。起初，袁绍并没有把曹操放在眼里，只把曹操当作自己的下属，两人的关系也比较缓和。谁

知后来曹操的势力越来越大，还挟天子以令诸侯，地位隐隐超越了袁绍。那时，实力空前强大的袁绍，有了更大的野心，于是把矛头对准了逐渐崛起的对手——曹操。

一天，袁绍把陈琳找来，让他起草一份讨伐曹操的檄文。陈琳不敢违背，只好照着袁绍的意思洋洋洒洒写了一长篇。

这篇檄文把曹操狠狠地贬低了一番。先说曹操的爷爷曹腾当年结党营私，曹操的父亲曹嵩贪污受贿，祸乱朝政。曹操自己也没什么品行，当年在讨伐董卓的过程中就贪功冒进，遭遇大败，后来竟然胆大包天，挟持汉献帝。文中号召各路诸侯营救汉献帝，打倒曹操。

这天，曹操头痛的毛病发作，卧床不起，正好收到手下送来袁绍发的讨曹檄文，便躺在床上看了起来。看着里面大段骂自己的话，曹操不仅没生气，反而越看越兴奋，他激动地说："这写得也太好了，看得我头都不疼了，哈哈哈！"

后来，曹操击败了袁绍，陈琳也被曹操俘获。周围的人还记得陈琳写檄文大骂曹操这回事，就让曹操赶快杀了陈琳。曹操却不计前嫌，让陈琳担任司空军谋祭酒，和阮（ruǎn）瑀（yǔ）一起掌管重要文件的起草工作。有时，陈琳写好的文书，曹操一个字都不用改。

曹操曾问陈琳："当初袁绍让你写文章，你骂骂我就算了，怎么还把我老爸和爷爷都扯进来骂了个遍啊？"

陈琳答道："当初我在袁绍手下干活，他要我写，我不得不写，就好比把箭放在弦上，不得不发，实在是没有法子啊！"听了陈琳的解释，曹操爽朗地笑了起来，此后再也没提过这件事。

袁绍手下的人听说曹操连陈琳都宽恕了，觉得他是个胸襟宽广、爱才的人，于是很多人都主动向他投降。

读史启示

陈琳写檄文大骂曹操，曹操并没有因此勃然大怒，反而从中看出了陈琳的才华。后来他不计前嫌，重用陈琳，这种宽广的胸襟和乐观的心态值得我们学习。我们也要学会宽以待人，多站在他人的角度想问题，试着理解他人的处境，学会忽视那些对自己不客观的评价。

陈琳虽是一介文人，但对于曹操看似随意但暗藏杀机的质问，用“箭在弦上，不得不发”八个字巧妙地化解危机，既没有表露出自己的屈服，也没有强硬的意思，还说明了自己当时的处境。所以，我们在面对危险时，也要沉着冷静，不卑不亢，才能化险为夷。

身在曹营心在汉

原典

源自明罗贯中《三国演义》第二十五回至二十七回。

成语释义

指关羽人在曹营，心却想着蜀汉的刘备。形容身处对立的一方，心里却想着自己原来所在的一方。现在也用来比喻心思不专，变化不定。

近义词

心猿意马

反义词

同心协力

造句

这场游戏弟弟被分到了另一队，但他明显是身在曹营心在汉，看来我们赢定了。

扫码听音频

历史故事

读史小贴士

时间：公元 200 年

地点：下邳

主要人物：关羽、曹操、张辽、徐庶

公元 200 年，曹操亲自带兵讨伐刘备。

刘备被打了个措手不及，队伍被打散，无奈只好去投奔袁绍。

曹操进攻关羽驻守的下邳（pī）时，欣赏关羽的才华，想趁机把他笼络到自己的阵营。曹操的谋士程昱（yù）说，关羽能力出众，只能智取，不能硬碰硬，可以引诱他进入圈套再一举拿下。

于是，曹操派出夏侯惇（dūn）和关羽大战好几个回合，将关羽困在土山山头上。

天快亮的时候，有人骑着马上山来了。关羽一看，原来是曾经的好朋友张辽。关羽料到张辽肯定是来说服自己投降的，便径直告诉他，自己虽然现在身处绝境，但就算是死也不会投降。

张辽便劝他说："你要是死了，就犯了三宗罪。其一，你和刘备、张飞结成兄弟，你要是死了，岂不是违背了同生共死的誓言？其二，刘备把家人托付给你，你一死不就辜负了他的嘱托？其三，你这么有才华，不想着为了兴复汉室的大事业献身，而为这点小事死，算哪门子道义？"关羽叹了口气，说："那我该咋办？"

张辽对关羽说，只要肯加入曹营，一切都好说。关羽觉得有道理，便提出了几个同意入曹营的条件，就是著名的"土山三约"：降汉不降曹；赡养刘备两个夫人；一旦知道刘备的消息，不远万里也要奔赴回去。曹操是个爱才之人，他舍不得关羽这么优秀的人才轻易地死了，便答应了他的请求。

就这样，关羽去了许都。曹操为了留住关羽，处处以礼相待，三天两头宴请他，时不时地送他许多金银珠宝，还让汉献帝封他为**偏将军**（古代武将名，将军的辅佐）。

一天，曹操见关羽的绿锦战袍有些破旧了，就赠给他一身新战袍，谁知关羽却把新袍穿在里面，在外面用旧袍罩上。曹操看了疑惑不解，自己赠给他无数金银珠宝，实在没必要连件旧袍子也舍不得扔，于是问他："关将军为何如此节俭？"

关羽说："我这不是节俭，只因这旧袍是兄长刘备所赐，我穿着

它就像见到了兄长一样，又怎能因丞相的新袍而忘了兄长的旧赐呢？”曹操听了有些不高兴。

又有一天，曹操见关羽的马瘦弱不堪，便送了他一匹赤兔马。关羽接受了馈赠，并拜谢了曹操。曹操疑惑地问：“之前送你金银和美女，你都没有拜谢我。如今送你赤兔马，你一再拜谢是为什么呀？”关羽说：“我早就听说过这马可日行千里，以后要是知道我兄长的下落，骑着它很快就能和兄长见面了。”曹操听了，非常后悔。

曹操让张辽问关羽，为什么自己对他这么好，他还是一心想要回到刘备身边。关羽回答说："我与大哥刘备生死与共，即使他不幸离世，我也要与他一同赴黄泉。"曹操听了，感叹关羽是真正的义士。

三国故事里"身在曹营心在汉"的人，除了关羽，还有徐庶。徐庶早年追随刘备，曹操听说徐庶很有能力，就派人抓了他的母亲，将他骗到曹营。徐庶足智多谋，但自到曹营后没有向曹操进献过一次计策。

读史启示

在这个故事里，关羽面对曹操金钱和名利的双重诱惑，一直坚守着自己的誓言信念，不背叛兄弟，勇于承担自己的责任，即使身在曹营也一直想着自己的兄弟和兴复汉室的大业，这样的忠肝义胆实在令人敬佩，也值得我们学习。我们也要学会守好自己内心的底线，做一个忠诚、负责任的人。

成语接龙

风		无	两	两	全	其	
	人	迟	暮	暮	暮		朝
朝		暮	楚	楚		可	爱
爱	憎		明	明	哲		身
身	在	曹	营	心	在		

答案：头、美、美、朝、秦、楚、分、保、汉

一面之词

原典

明公只听一面之词，而绝向日之情耶？（明罗贯中《三国演义》第二十六回）

成语释义

正在争执的双方中一方所说的话。多指单方面的、片面的看法。

近义词

偏听偏信　一偏之言

反义词

兼听则明　面面俱到

造句

调查时要听取双方的意见，不能仅凭一面之词就对事情下结论。

扫码听音频

历史故事

读史小贴士

时间：公元 200 年
地点：白马
主要人物：袁绍、曹操、颜良、关羽

公元 196 年，曹操将汉献帝迎接到许都，借着汉献帝的名号号令诸侯。这让当时的诸侯老大袁绍非常不满。当时汉献帝衣带诏流出，袁绍借机向曹操发起进攻。白马（古县名，位于今河南省滑县境内）城是曹操麾下的一个重要城池，也是保护许都的要塞。思来想去，袁绍决定派大将颜良为先锋进攻白马，夺取黄河南岸据点，好保障大部队渡过黄河，与曹操决战。

袁绍的监军沮授劝谏说："颜良生性狭隘，虽然骁（xiāo）勇，但也不能单独当此大任。"袁绍说："没关系，他在我手下表现得还算突出，说不定还能取得出乎意料的战绩呢！"

曹操收到袁绍进攻的消息后，急忙召集将士们商议如何抵御。留在曹营的关羽为了报恩，主动对曹操说："我愿意作为前部先锋迎击颜良。"曹操说："这事先不劳烦关将军了，如果真的需要将军出马，我们自会来请将军的。"

曹操先领五万军马亲临白马，靠近一处土山驻扎。遥望山前一马平川的旷野，颜良带着精兵十万排列有序。曹操见了这阵势大吃

一惊，命吕布的旧将宋宪去战颜良。宋宪手拿武器策马发起冲锋，不想只打了不到三个回合，就被颜良斩于马下。

曹操大惊道："颜良真是**河北**（三国时期是指黄河以北的地区，包括河北大部、山东西部、河南北部等地）勇将啊！"曹操的手下魏续要求迎战颜良，不料也死在了颜良刀下。接着曹将徐晃出战，和颜良打了二十多个回合，也以失败告终，逃回了营地。诸将见颜良这么厉害，全都害怕不已，曹操只好先收军回营。

曹操的谋士程昱看曹操十分郁闷，便趁机举荐关羽对战颜良。曹

操说："我怕他立了功便要离去啊。"程昱说："刘备趁乱去投奔袁绍，您若让关羽击杀了颜良，袁绍肯定会怀疑刘备而杀掉他。刘备一死，关羽又能去哪里呢？"曹操一听有理，便差人去请关羽。

关羽果然名不虚传，只见他飞身上马，在万人之中直取颜良首级，然后英勇杀出敌营，动作干净利落，就如同出入无人之境。颜良一死，袁军不战自乱。曹军乘势出击，大获全胜。关羽把颜良首级献到曹操面前，曹操称赞说："关将军真乃神人也！"

侥幸逃脱的颜良部下，在半路迎见袁绍的大军，急忙向袁绍报告说，颜良被一名红脸、长须、使大刀的勇将斩杀。袁绍惊问道：“这人是谁？”沮授说：“必定是刘备的结义兄弟关羽。”

袁绍听了大怒，召见刘备说：“你居然指使你兄弟斩我爱将！”说着就要部下把刘备推出去斩了。刘备不慌不忙地说：“您怎么能只听信一面之词，就要断绝咱们的情份呢？自从徐州战败，我至今也没有二弟关羽的音信。天底下长得相似的人太多了，怎么能够因此断定他是关羽呢？您这么英明，不会就这么被误导吧？”

袁绍是个没有主见的人，想了想便相信了刘备的话，还请他一起商议如何对付曹操。袁绍帐下大将文丑请求出战。袁绍让他带十万军兵抢渡黄河，前去追杀曹操。刘备趁机请求道：“我承蒙袁将军大恩，无以报效，想和文将军一同出战。”文丑以刘备屡战屡败为由，与他分开行军。于是，文丑自领七万军马先行，刘备自领三万军马随后。

很快，文丑也被关羽斩杀。袁绍知道斩杀他两员大将的人就是关羽后，气得又要杀了刘备。刘备此时也确信关羽在曹操军中，便写信安抚袁绍说，可以说服关羽里应外合击杀曹操。袁绍相信了刘备的话，刘备便趁机逃离袁绍军营并设法与关羽取得了联系，两兄弟终于团聚。

读史启示

袁绍凭借逃回来士兵的一面之词就断定杀颜良的人是关羽，虽然这个判断是正确的，但是这种听取一面之词就妄下定论的方式是不可取的。如果斩杀颜良的人不是关羽，只是另一个红脸、长须、使大刀的人，袁绍的一时冲动可能会造成不可挽回的后果。所以，如果我们遇到两方发生矛盾的情况，不能只听取一面之词，片面地根据一方的叙述下定论，而要综合考虑两方的说法与意见，这样才能做到公平公正。

成语接龙

一	（ ）	之	词	词	不	（ ）	意
意	外	之	（ ）	（ ）	极	而	泣
泣	（ ）	成	声	声	（ ）	俱	下
下	（ ）	不	明	明	哲	（ ）	身

答案：面、达、喜、喜、不、泪、落、保

出言不逊

原典

图惭，又更谮郃曰："郃快军败，出言不逊。"郃惧，乃归太祖。（西晋陈寿《三国志·魏书·张郃传》）

成语释义

出言：说话。逊：谦让恭顺。说出的话不谦让恭顺，形容人在说话时傲慢自大，没有礼貌。

近义词

血口喷人　恶语伤人

反义词

彬彬有礼　卑辞厚礼

造句

对长辈出言不逊是非常没有礼貌的行为，大家应当谨记这一点。

扫码听音频

历史故事

读史小贴士

时间：公元 200 年
地点：官渡
主要人物：曹操、袁绍、张郃、郭图

公元 200 年，袁绍和曹操在官渡大战。袁绍派手下大将淳于琼监督粮草的运输，并把粮草都藏在乌巢，不料这个消息被曹操知道了。要知道，粮草可是战争最重要的后勤装备，曹操兴冲冲地赶往乌巢攻打淳于琼。

当时，张郃在袁绍手下任职。曹操攻打乌巢的消息传出后，张郃劝袁绍说：“虽然曹操的士兵比我们的士兵少，但他们都是精兵。

如果淳于琼守不住乌巢的粮草就糟了。我们必须派兵去支援他！”

袁绍的另一个部下郭图不同意，他说：“张郃这么说可不对啊！曹操带精兵攻打乌巢，那他的老巢不就空了吗？我认为应该趁机攻击曹操的大本营许都，到时，曹操的家都要没了哪还顾得上淳于琼啊，乌巢之围自然就能破解。”

张郃反驳说：“曹操的大本营易守难攻，不可能快速攻破。但如果淳于琼输了，我们没了粮草，到时候就没办法继续作战了。”尽管张郃动之以情，晓之以理，但袁绍觉得自己的实力远胜于曹操，最后只派了很少的兵力去营救淳于琼，却派重兵进攻许都。

果不其然，许都防守严密，袁绍即便是全力出击，也没能攻破。而另一边，曹操很快地攻下了乌巢，一把火烧掉了袁绍藏在那里的粮草。这下，袁绍的军队失去了行军最重要的粮草补给，士气低落，还没等到正式交战就先败下阵来。

郭图知道这次兵败的很大原因是因为自己向袁绍提了错误的策略，他自觉羞愧，又不愿承认错误，于是恶人先告状，可怜兮兮地对袁绍说："张

郃这个人真是嚣张，我们这边吃了败仗，他竟然幸灾乐祸，嘲笑您当时不听他的。”

张郃听闻后，知道袁绍心眼小，怕袁绍责怪他，索性去投奔了曹操。张郃对曹操说：“郭图说我对袁绍出言不逊，他这样栽赃陷害真是太欺负人了，我只好来投奔您了。”曹操高兴地接纳了他。后来，张郃成了曹操手下一名得力的战将，为曹操立下了不少战功。

读史启示

袁绍的失败有很多原因，虽然郭图的错误建议起到了一定的推动作用，但是最主要的还是因为做决策的袁绍没有正确地判断局势，对敌我双方的实力和处境缺乏理性的分析，以致既没有攻破曹操的大本营，也没有挽救自己的粮草。后来，袁绍不仅没有反省自己，还听信郭图的谗言，损失了一员大将。

我们要从袁绍的故事中吸取教训，遇到事情要冷静，全面分析，做出正确的判断。另外，出言不逊是没有礼貌的体现，我们待人应当彬彬有礼，体现自己的高素质。

成语接龙

爱		分	明	明	目		胆
胆	小	如			目	寸	光
光		磊	落	落		流	水
水	落		出	出	言		逊

答案：憎、张、鼠、鼠、明、花、石、不

过五关斩六将

原典

美髯（rán）公千里走单骑，汉寿侯五关斩六将。（明罗贯中《三国演义》第二十七回）

成语释义

闯过五道关卡，斩杀六个敌将。形容克服重重困难，不断战胜对手。

近义词

披荆斩棘　劈波斩浪　排除万难

反义词

节节败退　屡战屡败

造句

在本次比赛中，有五位选手过五关斩六将，站到了决赛的舞台。

扫码听音频

历史故事

读史小贴士

时间：公元 201 年—公元 202 年
地点：东岭、洛阳、汜水关、荥阳、滑州
主要人物：关羽、曹操、袁绍、刘备、张飞

关羽与刘备失散后，在曹操的军营中一边保护着刘备的两位夫人，一边着急地打探着刘备的消息。曹操一心想拉拢关羽，对他非常好，恨不得天天和他一起吃饭，一块儿睡觉。

为了报答曹操的知遇之恩，关羽在袁绍将曹操围在白马时，骑马冲破万军，斩杀袁军主帅颜良，破了白马之围。

这一战，关羽名声大振，投奔袁绍的刘备也因此知道了关羽的下落。于是，他派人向关羽传递了自己在袁绍军营的消息，关羽因此向曹操提出了自己要离开的请求。曹操心里有一百万个不愿意，但也不愿强求，只好放行。不料，曹操手下的部将却不愿轻易放关羽离开去寻找刘备，一路上各种阻拦。

东岭关是关羽前往洛阳寻找刘备的必经之路，守关将领名叫孔秀。关羽通过时，孔秀向他索要通关文牒（dié）。见关羽拿不出，孔秀不肯放行，与关羽发生冲突，只一个回合，就被关羽斩杀。

听说关羽已过东岭关，洛阳守将韩福、孟坦用**鹿角**（把带有枝桠的树枝削尖，尖梢朝上，埋在路口阻挡敌人前进，因形似鹿角而得名）拦住他的去路。没想到关羽的赤兔马跑得飞快，虽然韩福引箭射中了关羽的左臂，但关羽忍痛冲过鹿角，斩杀了韩福，过了洛阳。

镇守汜水关的卞（biàn）喜觉得凭自己的力量难以抵挡关羽，就假意迎接关羽，背地里却在镇国寺安排刀斧手埋伏，准备伺机杀死关羽。幸亏镇国寺方丈普净给关羽示警，关羽这才察觉出阴谋，斩杀了卞喜。于是，关羽顺利闯过汜水关。

荥（xíng）阳太守王植是韩福的亲家，听说韩福被关羽杀死，想为韩福报仇。关羽到达荥阳时，王植表面上热情地在驿站宴请关羽和刘备的二位夫人，暗地里却派手下胡班放火，想烧死他们。关羽曾对胡班有恩，胡班通知关羽一行人提前逃离驿馆，又假意放火，迷惑

王植。王植察觉后，怒杀胡班，又赶去杀关羽，却被关羽斩杀。关羽险过荥阳。

随后，关羽来到滑州，守将刘延出城迎接，告诉他前面黄河渡口是秦琪在把守。关羽来到黄河渡口要求过河，秦琪毅然拒绝。关羽大怒，两人交战，秦琪被关羽斩杀。关羽顺利过河，来到了袁绍的地盘。

这时，曹操部将夏侯惇领兵追到，两人正要展开厮杀，被赶来的张辽阻止。张辽拿出曹操的文书，放关羽一行人马走了。

关羽一路打探，听着消息赶到古城。没想到占了古城的张飞以为关羽投降了曹操，不肯相认。正好这时曹操部将蔡阳追来，要为其外甥秦琪报仇。张飞更加怀疑关羽，要关羽在三声鼓后斩了蔡阳，才肯相认。第一声鼓声未落，关羽就一刀斩了蔡阳。张飞这才把关羽和两位嫂嫂迎入城内，听他们讲述完一路的经过，拜谢了关羽。不久后，关羽终于与刘备重聚。

读史启示

关羽过五关斩六将的故事，体现了他的英勇和忠诚，无论是对方的强力阻拦还是暗地里的阴谋诡计都被他一一化解。所以，当我们的面前有一道道的难关时，我们要相信自己能够过五关斩六将，只要有关羽那样的坚持与勇气，就能赢得最终的胜利。

成语接龙

出人□表　表□如一

一□千金　金口□言

言而□信　信□雌黄

黄□一梦　梦寐以□

□之不得　得□且过

过五关□六将

答案：意、里、诺、玉、无、口、粱、求、求、过、斩

兵贵神速

原典

太祖遂行。至易，嘉言曰："兵贵神速。今千里袭人，辎（zī）重多，难以趣利，且彼闻之，必为备；不如留辎重，轻兵兼道以出，掩其不意。"（西晋陈寿《三国志·魏书·郭嘉传》）

成语释义

兵：用兵。形容用兵贵在能够迅速行动。

近义词

速战速决　事不宜迟

反义词

犹豫不决　优柔寡断　贻误战机

造句

所谓兵贵神速，正是因为解放军和医疗人员争分夺秒赶赴灾区，才挽救了那里无数人的性命。

扫码听音频

历史故事

读史小贴士

时间：公元 207 年
地点：白狼山
主要人物：曹操、袁绍、蹋顿、郭嘉

公元 200 年，曹操凭借官渡一战，打败了实力远胜自己的袁绍。不久之后，袁绍病发去世，袁绍的长子袁谭也在与曹操作战时被杀。当时，北方游牧民族**乌桓**（huán）（也叫乌丸，古代北方游牧民族之一，东汉时活动于今辽河下游、山西北部、河北北部及内蒙古河套一带）势力强大，乌桓各部在辽西乌桓族首领——蹋（tà）顿领导下联合。蹋顿与袁绍交好，袁绍的另外两个儿子袁尚、袁熙便逃往乌桓，投奔了蹋顿。

蹋顿以替袁尚收回故地为借口，屡屡侵扰汉朝边境。为此，曹操决心远征蹋顿，为统一北方除掉后患。有些官员担心曹操远征之后，荆州的刘表会趁机派刘备来袭击曹操的后方。

曹操的谋士郭嘉却不这么认为。郭嘉本是袁绍的部下，但他发现袁绍空有礼贤下士的行为，却缺乏识人善任的度量，便转而投奔曹操，为曹操征战四方出谋献策。

郭嘉分析了当时的形势，对曹操说："您现在威震天下，乌桓仗着自己处在边远地区，必然不会对您有什么防备。这时候来个突然袭击，一定会打他们个措手不及。况且袁绍在百姓心中较有威望，如果延误了时机，就是给了袁尚、袁熙两兄弟足够的时间修整，让他们拉拢人心。再加上乌桓各族积极响应，让蹋顿有了野心，到时候怕是冀州、青州又要不属于我们了。刘表这人嘴上功夫厉害，但也有自知之明，知道自己才能不及刘备，肯

定不会重用他。刘备得不到重用，自然不会心甘情愿为刘表多出力。所以，您只管放心远征乌桓。”

曹操采纳了郭嘉的建议，率领军队出征。由于路途遥远，士兵们还要带着粮草、马车和武器赶路，行军速度很慢，磨蹭了一个月才到达**易县**（属今河北省保定市）。

郭嘉一看，这速度可不行啊！就又对曹操说：“兵贵神速！现在我们要到千里之外的**柳城**（东汉末年乌桓的统治中心，位于今辽宁省朝阳县）去发起攻击，带着这么多东西赶路，速度太慢。时间一长，对方就会知道我们行动的消息，从而有所防备。不如我们留下笨重的军械物资，让将士们轻装上阵，以更快的速度赶路，趁敌人没有防备的时候出其不意，克敌制胜。”曹操决定就依郭嘉所说的行动，做出了一些撤军的假象后，率领几千轻装精兵，日夜兼程，在**白狼山**（位于今辽宁省喀左县境内）与蹋顿的军队相遇。

面对突如其来的攻击，乌桓人惊慌失措地应战，一败涂地。蹋顿和他的许多部下都死于乱军之中，袁尚、袁熙在逃往辽东后被太守公孙康所杀。

读史启示

曹操听取了郭嘉的建议，舍弃不必要的行囊，加快了行军的速度，为自己争取了时间，才能将蹋顿打个措手不及，取得战争的胜利。不光用兵贵在神速，在日常生活中，我们也应当注意，有了目标就快速行动，轻装上阵，分秒必争，而不是犹豫不决、浪费时间，这样才能取得好成绩。

成语接龙

兵	贵		速	速		速	决
决		如	流	流		无	情
情		手	足	足	智		谋
谋	事		人	人		胜	天

答案：神、战、断、水、同、多、在、定

髀肉复生

原典

备曰："吾常身不离鞍，髀（bì）肉皆消。今不复骑，髀里肉生。"（西晋陈寿《三国志·蜀书·先主传》）

成语释义

髀：大腿。指因为长时间不骑马，大腿上的肉重新长回来了。形容长时间过着舒适安逸的生活，没有什么作为。

近义词

无所事事　虚度光阴　髀里肉生

反义词

疲于奔命　劳苦奔波　日理万机

造句

爷爷已经退休三年了，在家里能时常见到他感叹髀肉复生。

扫码听音频

历史故事

读史小贴士

时间：公元 207 年
地点：荆州
主要人物：刘备、刘表

公元 200 年，袁绍奉汉献帝衣带诏讨伐曹操，两军大战于官渡。其间，刘备投靠袁绍，奉命攻打曹军，斩杀了曹军将领蔡阳。

第二年，曹操亲自讨伐刘备，刘备知道自己的实力不如对方，只能转而去投奔荆州的刘表。刘表虽然热情地接纳了刘备，让其留在身边，并让他屯兵新野，但他生性多疑，所以并不重用刘备。

几年后，曹操为了消灭袁绍逃到乌桓的残余势力，进而统一北方，便决定挥师北上，远征乌桓。这个时候，刘备劝刘表趁机袭击曹操的老巢——许都。但刘表说自己拥有荆州七郡已足够，不想做别的打算了。两人不欢而散。

后来，曹操打败乌桓又回到中原，势力日渐强大，逐渐表现出了吞并荆州的野心。刘表在一次宴请刘备的时候，感慨道：“我很后悔当初没有听贤弟你的建议，白白失去了占领许都的绝好机会。”

刘备听了也很无奈，只能劝导说："现在天下分裂，到处都有战乱，肯定还会有机会的。只要日后把握住时机，就不用悔恨这次错失良机。"

这次，刘表和刘备聊得很投机，又商量了以后的打算。过了一会儿，刘备起身上厕所。返回宴席的路上，刘备摸了摸自己的大腿，发现大腿内侧松软的肉又长起来了，不禁长叹一声，落下泪来。

回到座位上的时候，刘备脸上还留着泪痕。刘表见了很奇怪，连忙问道：“兄弟，男儿有泪不轻弹，你这是怎么了？”刘备抬手擦了擦眼泪，不好意思地说：“唉，也没什么。想当初我一直南北征战，长期不离马鞍，大腿内侧的肉都磨没了。这些年蒙您照顾，我终日过着安逸舒适的生活，好久没有骑马，大腿上又长出了又软又松的肥肉。我突然觉得自己有些蹉跎岁月，这不，人都快老了，身体也大大不如以前，而且也没有实现心里的大业，所以有些伤感。”

公元 208 年，曹操南征，刘表病逝，刘表的儿子刘琮（cóng）投降了曹操，荆州便成了曹操的地盘。刘备后来奋发图强，与孙权联合，终于在赤壁之战中打败了曹操，夺回了荆州。

读史启示

正所谓“一寸光阴一寸金，寸金难买寸光阴”，时光一去不复返，每一分每一秒都值得我们珍惜。刘备看到自己髀肉复生感到了时光飞逝，自己在安逸的生活中没有为目标而奋斗，虚度了光阴。我们应当以这个故事为警示，珍惜分分秒秒，有目标就去行动，创造自己生命的价值，这样才能不留遗憾。

成语接龙

	肉	复	生	生		之	交
交		接	耳	耳	闻		睹
睹	物		人	人		关	天
天		之	别	别	开		面

答案：髀、死、头、目、思、命、壤、生

思贤如渴

原典

将军既帝室之胄，信义著于四海，总揽英雄，思贤如渴，若跨有荆、益，保其岩阻，西和诸戎，南抚夷越，外结好孙权，内修政理；天下有变，则命一上将将荆州之军以向宛、洛，将军身率益州之众以出秦川，百姓孰敢不箪食壶浆以迎将军者乎？诚如是，则霸业可成，汉室可兴矣。（西晋陈寿《三国志·蜀书·诸葛亮传》）

成语释义

贤：有德行的人，有才能的人。形容迫切地想要招纳有才能的人。

近义词

求贤若渴　旁求俊彦　三吐三握

反义词

珠投璧抵　盲者得镜

造句

这位老板思贤如渴，招揽了一大批优秀的人才，终于成就了一番大事业。

扫码听音频

历史故事

读史小贴士

时间：公元 207 年
地点：隆中
主要人物：刘备、诸葛亮、司马徽

三国时期，汉室衰微，社会动荡，各路诸侯都忙着争夺天下。自知实力微弱的刘备“跃马过檀溪”后，拜访了三国第一隐士兼三国集团人力主管——“水镜先生”司马徽，请教扩充实力的办法。司马徽很明确地指出刘备“至今犹落魄”的原因是“不得人（才）”。

刘备不服气，反驳说：“我虽然没什么能力，但是手下谋士有孙乾、糜竺、简雍（yōng），武将有关羽、张飞、赵云，他们都忠诚地辅助我，我也非常依赖他们。”

司马徽摸着胡子，笑了笑说：“关羽、张飞、赵云，都是可以以一敌万的猛将，但你的谋士孙乾、糜竺等人，并没有什么出色的谋略。你需要的是能够很好地运用猛将的谋士啊！”说完，司马徽给了他两个压箱底的宝贝人选——“卧龙”诸葛亮和“凤雏（chú）”庞统。

早年，诸葛亮在隆中隐居，他亲自下田种地，喜爱吟唱《梁父吟》，常常把自己和春秋时的贤人管仲、乐毅相比，但当时人们都不这么觉得。只有博陵的崔州平、颍川的徐庶这些真正和诸葛亮交好的人，才知道确实是这样的。

公元 201 年，刘备驻扎在新野，徐庶前去投奔刘备，刘备很器重他。后来，徐庶把诸葛亮介绍给了刘备。刘备听说诸葛亮非常有才华，就决定亲自去拜访他。

刘备去隆中拜访诸葛亮，去了三次才得以见面。刘备和诸葛亮诉说了自己匡扶汉室、结束战乱的心愿，诸葛亮发现刘备与自己志同道合，便答应出山辅佐他成就大业。

诸葛亮对刘备说："现在天下战乱，您是汉室之后，四海之内的人都知道您的信义之名。您结交招揽天下英雄贤士的心如此强烈，那开疆拓土、成就霸业的日子早晚会来到。"

后来，刘备又陆续把庞统、法正、刘巴等谋士，马超、吴懿、李严等武将收到麾下。因为刘备求贤若渴，所以他对每一个招揽到的人才都是爱护有加。投奔到刘备手下的人，几乎没有背叛过他。

读史启示

当时诸葛亮只是一介百姓，而刘备是有名的将军。两个人身份悬殊，然而刘备却三次亲自到茅庐求见诸葛亮，丝毫没有表现出厌烦。刘备这种尊重他人、礼贤下士的品质值得我们学习。

另外，诸葛亮年纪轻轻隐居隆中都能被刘备挖掘出来，说明是金子总会发光，所以我们一定要让自己变优秀，从现在起充实自己，不能荒废青春时光。

成语接龙

思		如	渴	渴	而		井
井	底	之			鼓	蝉	鸣
鸣		收	兵	兵		马	乱
乱	世		雄	雄	兵		万

答案：贤、穿、蛙、蛙、金、荒、英、百

命若悬丝

原典

吾今命若悬丝，专望救援！（明罗贯中《三国演义》第三十六回）

成语释义

形容生命垂危。

近义词

危在旦夕　奄奄一息

反义词

生龙活虎　生机勃勃

造句

他遭遇了重大交通事故，虽然被及时救出送往医院，但现在仍是命若悬丝。

扫码听音频

历史故事

读史小贴士

时间：公元 207 年
地点：新野
主要人物：刘备、徐庶、曹操、程昱

公元 201 年，刘备离开袁绍，投奔荆州的刘表。刘表热情接待了他，并让他在新野屯兵。当时化名单（shàn）福的徐庶在新野与刘备相遇，被刘备拜为军师。

曹操打败袁绍之后，开始把目光投向了荆州。后来又听说刘备在新野积极练兵，曹操再也坐不住了，派曹仁与李典出兵攻打他。

刘备按照徐庶的策略，打了大胜仗。

曹仁和李典吃了败仗，回去面见曹操，跪在地上请罪，并述说损将折兵的事情。曹操摆手说：“胜负乃是兵家常事，不用太放在心上。但不知是谁在为刘备出谋划策？”曹仁说是单福。曹操对于这个名字很陌生。

他的谋士程昱（yù）解释道：“单福是个假名字。这人自幼好学击剑，后来为别人报仇而杀了人，狼狈地逃走，被官府捕获，他的同伴偷偷解救了他。从此他改名换姓，逃亡在外。实际上，他叫徐庶。”

曹操问程昱："徐庶的才能如何？"程昱回答说："此人才能胜过我十倍。"曹操叹息说："唉，可惜他到刘备那里去了。"程昱说："丞相想要用他，召唤他过来也不难。"曹操忙问："哦？有什么好办法吗？"

程昱说："徐庶为人非常孝顺。他幼年丧父，只有老母亲尚在。如今他的弟弟徐康又死了，老母亲无人侍养。丞相可以叫人请他母亲来到许都，叫她写信召唤儿子，徐庶就必然到来。"

曹操连夜叫人把徐庶的母亲接到许都。徐母来到后，曹操待她非常周到，说："您的儿子是天下奇才，如今却在新野帮助逆贼刘备，

真是太可惜了。烦请老夫人写封信，将他唤来。我在天子面前保奏，他必得重用。”接着叫人捧过文房四宝准备着。

徐母假装不知道地问：“刘备是个什么人？”曹操说：“他原本是个卖草鞋的无名小辈，却狂妄地宣称自己是皇室后人，做事全无信义，看似君子，实则就是个小人！”

徐母听了厉声说道：“你这人怎么还说谎呢？我早就听说刘皇叔礼贤下士，是个真正的大英雄。我儿子前去辅助他，那是寻到真正的明主了。你虽名义上是朝廷的丞相，实际上却是汉朝的贼子，还想让我的儿子来帮你，难道没有一点儿羞耻心吗？”说罢，徐母取了石砚，便向曹操砸去。

曹操气坏了，喊着要杀了徐母。程昱忙劝曹操说自己有办法。

程昱天天跑去问候徐母，还谎称自己曾与徐庶结为兄弟，经常亲手写信和物品清单给徐母，徐母因此也亲自写信答复他。时间一长，程昱就拿到了徐母的笔迹，然后摸仿她的笔迹给徐庶写了一封家书。

徐庶拆开书信，信中写着：“不久前，你弟弟徐康去世，我正悲凉之间，曹丞相派人接我到了许都，说你反叛，要把我关到监狱之中，幸好有程昱等人说情。只要你来归降曹操，我就能免除一死。我现在命如悬丝，快来救我吧！”徐庶看完书信后悲痛欲绝。

徐庶拿着书信去见刘备，对他坦白道：“我本来是颍川人，名叫徐庶，因为逃难才改名为单福。经水镜先生指点，得到了您的重用。没想到老母亲现在中了曹操的奸计，被抓到许都囚禁。她给我传信，我不能不去，恐怕不能再为您尽力了。”

刘备听完也哭道：“母子亲情是天生的，等你和老夫人相见之后，或许我们还有机会共同打拼。”徐庶深受感动，拜别刘备后，便前往许都寻找母亲了。

读史启示

徐母洞察局势，了解自己儿子的处事方式，尊重他的选择，因此宁可被杀也不愿屈服于曹操，让儿子为难。徐庶对母亲也有着深厚的感情，得知母亲陷于危难之中，便立即前往救援。这种母子间的亲情使人感动。

成语接龙

命	若		丝		丝	丝	入	
	人	心	弦		弦		之	音
音		笑	貌		貌	合		离
离	经		道		道		途	说

答案：悬、扣、扣、外、容、神、叛、听

彩虹糖童书馆

Rainbow Candy Kids' Book House

读史启示

徐母洞察局势，了解自己儿子的处事方式，尊重他的选择，因此宁可被杀也不愿屈服于曹操，让儿子为难。徐庶对母亲也有着深厚的感情，得知母亲陷于危难之中，便立即前往救援。这种母子间的亲情使人感动。

成语接龙

命	若		丝	丝	丝	入	
	人	心	弦	弦		之	音
音		笑	貌	貌	合		离
离	经		道	道		途	说

答案：悬、扣、扣、外、容、神、叛、听

彩虹糖童书馆
Rainbow Candy Kids' Book House

精选三国歇后语

- 曹操遇蒋干
  ——倒了大霉
- 庞统当知县
  ——大材小用
- 诸葛亮对降曹的议论
  ——嗤之以鼻
- 鲁肃宴请关云长
  ——暗藏杀机
- 诸葛亮借箭
  ——有借无还
- 诸葛亮借东风
  ——神机妙算
- 诸葛亮的锦囊
  ——用不完的计
- 孔明弹琴退仲达
  ——临危不乱
- 张飞戴口罩
  ——显大眼
- 曹操做事
  ——干干净净
- 关羽流鼻血
  ——红上加红
- 草船借箭
  ——坐享其成
- 吕布叛荆州
  ——出尔反尔
- 关羽看《春秋》
  ——一目了然

- 刘备投袁绍
  ——委曲求全
- 曹操看张松
  ——以貌取人
- 诸葛亮隆中对策
  ——有先见之明
- 关公面前耍大刀
  ——不自量力
- 周瑜妙计安天下
  ——赔了夫人又折兵
- 曹操天下归司马
  ——白忙一场
- 吃曹操的饭，想刘备的事
  ——人在心不在
- 诸葛亮借雕翎
  ——少见(箭)
- 刘备三上卧龙岗
  ——就请你这个诸葛亮
- 张飞拆桥
  ——有勇无谋
- 曹操用关羽
  ——真心实意
- 关胜战李逵
  ——大刀阔斧
- 张飞贩私盐
  ——谁敢检查
- 赵云大战长坂坡
  ——大显神威
- 张飞卖肉
  ——光说不割
- 诸葛亮江东斗群儒
  ——独占鳌头
- 张飞战马超
  ——不相上下
- 黄忠交朋友
  ——人老心不老
- 诸葛亮戴相帽
  ——大势已定
- 看《三国》掉泪
  ——替古人担忧
- 诸葛亮说周瑜
  ——请将不如激将
- 许褚斗马超
  ——赤膊上阵

精选三国歇后语

- 诸葛亮用空城计
  ——不得已
- 司马夸诸葛
  ——甘拜下风
- 对着张飞骂刘备
  ——找气惹
- 阿斗当皇帝
  ——软弱无能
- 曹操杀蔡瑁
  ——操之过急
- 张飞战关公
  ——忘了旧情
- 诸葛亮下东吴
  ——心里有数
- 诸葛亮吊孝
  ——装模作样
- 黄忠抡大锤
  ——老当益壮
- 隔门缝瞧诸葛亮
  ——瞧扁了英雄
- 张飞睡觉
  ——不闭眼
- 诸葛亮皱眉头
  ——计上心来
- 诸葛亮的鹅毛扇
  ——神妙莫测
- 关羽卖肉
  ——没人敢来
- 刘备的江山
  ——哭出来的
- 诸葛亮要丑妻
  ——为事业着想
- 曹操败走华容道
  ——走对了路子
- 徐庶进曹营
  ——一言不发
- 张飞穿针
  ——大眼瞪小眼
- 周瑜打黄盖
  ——装样子

- 三个臭皮匠
  —— 顶个诸葛亮
- 诸葛亮征孟获
  —— 收收放放
- 貂蝉唱歌
  —— 有声有色
- 诸葛亮耍掸帚
  —— 出计不出面
- 关帝庙里拜观音
  —— 找错了门
- 张飞穿针
  —— 粗中有细
- 袁绍用兵
  —— 优柔寡断
- 刘关张桃园结义
  —— 生死之交
- 诸葛亮弹琴
  —— 临危不乱
- 孔明拜北斗
  —— 自知要死
- 蒋干盗书
  —— 上了大当
- 诸葛亮玩狗
  —— 聪明一世，糊涂一时
- 张飞上阵
  —— 横冲直撞
- 诸葛亮摆八卦
  —— 内有奇文
- 孔明练琴
  —— 老生常谈（弹）
- 孔明给周瑜看病
  —— 自有妙方
- 关公开凤眼
  —— 要杀人
- 曹操杀华佗
  —— 讳疾忌医
- 诸葛亮草船借箭
  —— 用的是疑兵计
- 诸葛亮对魏延
  —— 见不得，离不得
- 诸葛亮挥泪斩马谡
  —— 顾全大局
- 诸葛亮草船借箭
  —— 有把握

- 关羽打喷嚏
  —— 自我吹嘘
- 张飞绣花
  —— 粗中有细
- 诸葛亮丢了荷包
  —— 没有计了
- 曹操吃鸡肋
  —— 食之无味，弃之可惜
- 董卓进京
  —— 来者不善
- 董卓戏貂蝉
  —— 死在花下
- 周瑜讨荆州
  —— 费力不讨好
- 曹操败走华容道
  —— 不出所料
- 诸葛亮的锦囊
  —— 神机妙算
- 诸葛亮三气周瑜
  —— 略施小计
- 诸葛亮用兵
  —— 神出鬼没
- 张飞妈妈姓吴
  —— 无事(吴氏)生非（飞）
- 张飞扔鸡毛
  —— 有劲难使
- 关云长刮骨下棋
  —— 若无其事
- 周瑜打黄盖
  —— 两厢情愿
- 东吴招亲
  —— 弄假成真
- 张飞使计谋
  —— 粗中有细
- 诸葛亮弹琴
  —— 计上心来
- 阿斗的江山
  —— 白送
- 诸葛亮过长江
  —— 胸有成竹
- 张飞讨债
  —— 声势凶
- 诸葛亮当军师
  —— 名副其实

- 诸葛亮坐西城
  ——故弄玄虚
- 曹操用计
  ——又奸又滑
- 曹操战宛城
  ——大败而逃
- 草船借箭
  ——满载而归
- 鲁肃讨荆州
  ——空手而去，空手而回
- 张飞拆桥
  ——有勇无谋
- 后主降魏
  ——不知羞耻
- 刘备摔孩子
  ——收买人心
- 司马懿破八卦阵
  ——不懂装懂
- 曹操诸葛亮
  ——脾气不一样
- 曹操杀吕伯奢
  ——将错就错
- 关帝庙求子
  ——踏错了门
- 周瑜打黄盖
  ——一个愿打，一个愿挨
- 关公照镜子
  ——自觉脸红
- 关羽赴宴
  ——有胆有魄
- 关云长走麦城
  ——大难临头
- 诸葛亮六出祁山
  ——图谋大业
- 司马炎废魏主
  ——袭用老谱
- 张飞卖秤砣
  ——人强货硬
- 张飞当阳桥上一声吼
  ——吓退千军
- 诸葛亮穿道袍
  ——不是出家人
- 曹操遇马超
  ——割须弃袍

- 吕布见貂蝉
  ——迷上了
- 刘备编草鞋
  ——内行
- 孙坚回江东
  ——猛虎归巢
- 张飞摆屠案
  ——凶神恶煞
- 关公进曹营
  ——单刀直入
- 关公喝酒
  ——不怕脸红
- 刘备曹操论英雄
  ——各怀鬼胎
- 黄忠射关公
  ——手下留情
- 张飞吃豆芽
  ——小菜一碟
- 蒋干劝周瑜
  ——有口难张
- 关云长放屁
  ——不知脸红
- 诸葛亮哭周瑜
  ——虚情假意
- 张飞抓耗子
  ——大眼瞪小眼
- 诸葛亮当军师
  ——办法多
- 黄忠射箭
  ——百发百中
- 诸葛亮的丑妻
  ——家中宝
- 曹操下江南
  ——来得凶，败得惨
- 诸葛亮用兵
  ——神出鬼没
- 刘备借荆州
  ——有借无还
- 赵子龙出兵
  ——回回胜
- 煮豆燃豆萁
  ——自家人整自家人
- 曹操唱京剧
  ——满脸奸诈

爆笑三国成语

4 赤壁之战

郭珮涵 ◎ 编著

航空工业出版社
北京

内容提要

本书从赤壁之战期间发生的历史故事中精选 10 个成语，说明成语的典故出处，解释成语的意义，罗列成语的近、反义词，运用成语造句，用风趣浅显的语言讲述成语的背景故事，揭示成语故事对孩子的启发意义，让孩子们学会成语的同时了解三国时期的历史。

图书在版编目（CIP）数据

爆笑三国成语．赤壁之战 / 郭珮涵编著．-- 北京：航空工业出版社，2022.11

ISBN 978-7-5165-3176-1

Ⅰ．①爆… Ⅱ．①郭… Ⅲ．①汉语－成语－青少年读物 Ⅳ．① H136.31-49

中国版本图书馆 CIP 数据核字 (2022) 第 195204 号

爆笑三国成语・赤壁之战

Baoxiao Sanguo Chengyu.Chibi Zhi Zhan

航空工业出版社出版发行

（北京市朝阳区京顺路 5 号曙光大厦 C 座四层　100028）

发行部电话：010-85672688　010-85672689

唐山楠萍印务有限公司印刷　　全国各地新华书店经售

2022 年 11 月第 1 版　　2022 年 11 月第 1 次印刷

开本：710×1000　1/16　　字数：41 千字

印张：4.75　　定价：218.00 元（全 8 册）

目录

主要人物
刘备
曹操
张飞
诸葛亮
关羽
孙权
周瑜
鲁肃
三国

四．赤壁之战

平定北方后，曹操很快把目光投向了荆州与江东。寄居荆州的刘备趁着孙曹对抗，联孙抗曹，在赤壁之战中迅速崛起，并在战争胜利后顺利夺取荆州，与曹操、孙权三分天下。

三顾茅庐

原典

先帝不以臣卑鄙，猥（wěi）自枉屈，三顾臣于草庐之中。（西晋陈寿《三国志·蜀书·诸葛亮传》）

成语释义

顾是指拜访；茅庐是指草舍、草屋。东汉末年，刘备请隐居在隆中草舍的诸葛亮，去了三次才见到。现在用来指诚心诚意，一再邀请。

近义词

礼贤下士　求贤若渴

反义词

拒人千里　妄自尊大

造句

校长三顾茅庐，终于请到了刘博士来我们大学任教。

扫码听音频

历史故事

读史小贴士

时间：公元 207 年
地点：隆中
人物：刘备、诸葛亮、关羽、张飞、徐庶

公元 200 年，曹操与袁绍率领两军于**官渡（今河南省中牟县东北）**大战，曹操获胜，袁绍的兵力遭到重创。

之后的几年，曹操开始清理袁绍的残余势力。此前依附于袁绍的刘备，无力正面对抗曹操，只好投靠了汉室宗亲刘表，寄居荆州，驻守**新野（今河南省新野县）**。

公元 207 年，一直关注着刘备的曹操，听说他身边的徐庶很有才能，就命人谎称徐庶的母亲重病将徐庶骗到了许都。

徐庶临走前告诉刘备，**隆中**（今湖北省襄阳市）的诸葛亮非常有才能，实力远在自己之上，如果能得到诸葛亮的帮助，肯定可以顺利得到天下。

几天后，迫不及待的刘备就和二弟关羽、三弟张飞一起，带着礼物去拜访诸葛亮。到了以后，才知道诸葛亮出门游玩去了，看门的小童子也不知道他什么时候回来。

刘备、关羽、张飞三人是乘兴而来，败兴而归。刘备按捺住心中的失落，安慰关羽和张飞说："没关系，过几天，咱们再来。"

几天后，刘备准备再次拜访诸葛亮。此时天上飘起了鹅毛大雪，刘备、关羽、张飞三人冒雪出了门……

到了诸葛亮家，三人看到一个青年正在读书，刘备急忙上前行礼。可青年却称自己只是诸葛亮的弟弟，哥哥被朋友邀请出门了。

张飞见诸葛亮不在家，就吵着要回去。失望的刘备只好留下一封书信，说渴望得到诸葛亮的帮助，平定天下。三人再次无功而返。

转眼过了新年，刘备选了个好日子，决定第三次拜访诸葛亮。关羽抱怨说：“诸葛亮也许只是徒有虚名，未必有真才实学，还是别去了。”张飞说：“要不让我一个人去叫，如他不来，就用绳子把他捆来。”刘备把二人责备了一顿，仍坚持亲自去请。这次，诸葛亮正在屋中睡觉。刘备让关羽和张飞守在门外，自己站在台阶下静静地等候。

过了很长时间，诸葛亮终于睡醒了，刘备立刻上前问好，并诚恳向他请教平定天下的办法。

诸葛亮见刘备志向远大，态度又非常诚恳，就给刘备分析了天下形势，认为北方的曹操占据了天时，南方的孙权占据了地利，刘备只有占据人和，拿下西川才能成就大业。刘备一听，非常佩服，便请他出山相助。最终，诸葛亮答应了刘备的请求，全力辅佐他建立了蜀汉政权。

读史启示

最初的刘备要人没人、要领地没领地，除了一个所谓的皇叔身份，可以说一无所有。但他最终成功地与曹操、孙权三分天下。在这个过程中，诸葛亮对他的帮助至关重要。他三次诚心诚意地拜访诸葛亮，是诸葛亮决定帮助他的重要原因。这段历史告诉我们，要想取得成功，获得他人的帮助，一定要态度真诚，另外，就算非常困难，也要坚持不懈，保持百分百的耐心，十二分的努力，目标终究会实现。此外，我们要时刻审视自我，确定自己需要的是什么，欠缺的又是什么，才能利用手中有限的资源获取最大的利益。

三	顾	茅				山	真	面
面	目		非		非		寻	常
长	年		月		月	明		稀
稀		之	宝		宝	刀		老
老	气		秋		秋		伊	人
人		人	海		海	阔	天	

答案：庐、庐、全、比、累、星、世、未、横、水、山、空

如鱼得水

原典

如游鱼得水，景山兴云，或卷或舒，乍轻乍重。（秦李斯《用笔法》）

孤之有孔明，犹鱼之有水也。（西晋陈寿《三国志·蜀书·诸葛亮传》）

成语释义

像是鱼儿得到了水一样。比喻遇到跟自己十分投合的人或是对自己很合适的环境，非常自在。

近义词

如虎添翼　情投意合　游刃有余

反义词

寸步难行　瓮中之鳖　不知所措

造句

他转学之后不但没有不适应，还交到了两个好朋友，在新学校简直是如鱼得水。

扫码听音频

历史故事

读史小贴士

时间：公元 207 年

地点：新野

人物：刘备、诸葛亮、关羽、张飞

东汉末年，汉灵帝昏庸无能，天下大乱，各地军阀、贵族揭竿而起，割据一方。年少的刘备家境贫寒，虽然只能和母亲以卖草鞋为生，但也有自己的梦想，那就是一统天下，结束战乱。

后来，张角发动黄巾起义，**益州**（四川省一带古地名）**牧**（牧是东汉掌握一州军政大权的官职）刘焉奉旨发榜镇压。榜文传发到刘备所在的涿县，引出了刘备。刘备在机缘巧合下结识了猛将关羽与张飞，三人志同道合，由此结拜为兄弟，一起聚合了同乡的年轻人，投奔刘焉。

后来，随着刘备的队伍越来越壮大，他听说了诸葛亮的名声，特地去拜访了隐居的诸葛亮，恳请他出山辅佐自己。前两次都吃了闭门羹，直到第三次，诸葛亮被刘备的坚持与诚意所感动，跟他见了面。

刘备说明了自己的来意，畅谈了自己的宏图大志，诸葛亮与他推心置腹，提出了很多战略方针，刘备听后大喜，直接拜诸葛亮为军师。

自此之后，诸葛亮竭力辅佐刘备，自然也得到了刘备的信任和重用。他们二人形影不离，这引起了关羽、张飞等将领的不满。

张飞性情豪爽、耿直，他对诸葛亮有满腹牢骚，有一天终于忍不住向刘备抱怨。刘备听完之后耐心做了解释，反复说明诸葛亮的才识与胆略远超常人，对自己完成统一天下的大业非常重要。

刘备把自己比作鱼，把诸葛亮比作了水。他对张飞说："我刘备有了孔明，就好像鱼儿得到水一般自在、快乐，希望你们以后也接纳他、尊重他。"

之后，刘备在诸葛亮的辅佐下，联吴北伐，占荆州、取益州，军事上节节胜利，势力不断扩大，最终建立蜀汉政权，与魏、吴两国形成三足鼎立之势。

读史启示

一个人如果找到了好的搭档，就像鱼儿遇到了水，能发挥出远远超出自己的水平，取得非常卓越的成就。

在日常生活中，人与人的交际圈永远都是在扩大的，我们要时刻保持一颗平常心，不要因为朋友交了新朋友就升起嫉妒之心、恶语相向，俗话说“良言一语三冬暖，恶语伤人六月寒”，对人保持善意，最终也会获得良好的回报。

成语接龙

如	鱼	得			落	石	出
出	人		地	地		天	长
长		直	入	入	木		分
分		不	取	取	信	于	

答案：水、水、头、久、驱、三、文、民

安身之地

原典

孔明曰："新野小县，不可久居，近闻刘景升病在危笃，可乘此机会，取彼荆州为安身之地，庶可拒曹操也。"（明罗贯中《三国演义》第四十回）

成语释义

指在某地居住、生活，或者以某地作为创业、建业的根基。

近义词

安身之处　立足之地

反义词

无处容身　无地自容

造句

商场经理大声地说："商场是咱们的安身之地，质量是咱们的安身之本。"

扫码听音频

历史故事

读史小贴士

时间：不详
地点：新野
主要人物：刘备、诸葛亮、关羽、张飞、曹操、夏侯惇

公元 201 年，刘备被曹操打败后，投奔了荆州的刘表，暂时驻扎在新野。虽然打了败仗，但刘备却如愿请来了诸葛亮做自己的军师。

这天，刘备正在和诸葛亮讨论兵法，忽然听得探子报告说曹操派夏侯惇领兵十万，直奔新野而来。刘备顿时大惊，一时间心慌意乱。关羽和张飞却淡定不已，他们二人不满诸葛亮很久了，认为这是个好机会，能看一看诸葛亮到底本事如何，于是二人便出去了。刘备和诸葛亮留下商量应对的办法，诸葛亮不慌不忙，向刘备讨要了能够号令将士们的剑印。

诸葛亮拿了剑印，召集将领们进行了一番精心部署。虽然如此，但大家都不怎么相信诸葛亮的能力，大致都是“我先听你的，要是这仗不行，回来看我怎么收拾你”的样子。

正式开战后，刘备这边的大将赵云按照诸葛亮的计策，假装打不过，准备溜之大吉。曹军大将夏侯惇押运着粮草，看出来不对，却不以为意，下令继续追赶，不知不觉间已到博望坡。当时天色已晚，狂风大作，周围又都是树木和草丛。突然，夏侯惇猛然醒悟过来，但却来不及了，只见一大片火焰席卷而来，四周杀声四起，曹军被杀了个回马枪，大败而归。

经此一战，关羽和张飞再也不敢对诸葛亮不尊重了。诸葛亮对刘备说：“夏侯惇虽然输了，但用不了多久曹操必定会亲自率领大军杀过来。”刘备又慌了，忙问怎么办。诸葛亮说：“我自有办法。”

诸葛亮紧接着说：“新野只是个小县城，不能待太久。我听说收留你的刘表病危，可趁此机会夺取他管辖的荆州作为我们的安身之地，这样我们就有足够的时间与精力来对抗曹操了。”刘备一听，眉毛都拧了起来，他受刘表恩情，无论诸葛亮如何劝说都不肯夺取荆州，诸葛亮只好说：“那这事以后再说吧！”

后来，刘表去世，刘琮继位。曹操统一北方后率军南下，直取荆州，刘琮将荆州拱手让给了曹操。刘备听到曹操攻来的消息，领全城百姓出逃，在长坂被曹操击败，败走夏口。

刘备率军到了夏口之后，诸葛亮面见孙权，说服孙权与刘备联合抗曹。最后，曹操在赤壁遭遇孙刘联军火攻，加上军中暴发瘟疫，损失惨重的曹军只能灰头土脸地回到了北方。刘备趁机平定荆州四郡，拿下了荆州的控制权。

读史启示

在占据荆州之前，刘备等人像是三国时代的一株转蓬，无根无据，到处漂泊。所以诸葛亮才提议寻找安身之地，并把它作为发展事业的根基。对于现在的我们来说，无论做什么事，有自己的根基，未来才能发展壮大。

成语接龙

安		之	地	地	大		博
博	大		深	深	不	可	
	渊	寸	指	指		为	马
马		是	瞻	瞻	前		后

答案：身、物、精、测、测、鹿、首、顾

英雄无用武之地

原典

英雄无所用武，故豫(yù)州遁逃至此。(西晋陈寿《三国志·蜀书·诸葛亮传》)

成语释义

比喻有才能却没有机会施展。

近义词

怀才不遇　生不逢时

反义词

天生我材必有用　大显身手

造句

他虽然对教育非常有研究，却未从事过相关工作，真是英雄无用武之地。

扫码听音频

历史故事

读史小贴士

时间：公元 208 年
地点：襄阳
主要人物：曹操、诸葛亮、刘备、孙权

公元 208 年，曹操基本统一北方，不久便率领大军南征，想要夺下荆州。

曹操大军出发没多久，荆州牧刘表就因病去世了，他的二儿子刘琮继位，住在襄（xiāng）阳。

刘琮是个超级胆小鬼，听说曹操率领军队要攻打这里，立马就准备投降，以保住自己的性命和地位。

当时刘备正驻守在襄阳附近的樊（fán）城，他对刘琮的决定一无所知，直到曹操大军逼近，他才得到消息。这时刘备只能率军撤退，退到襄阳时，刘琮紧闭城门拒绝刘备军队入内。

诸葛亮劝刘备趁这个时机夺下襄阳，抗击曹操，但刘备感念刘表对他的恩情，不愿恩人一去世就做这种事，于是下令避开襄阳，朝江陵方向撤退。

襄阳城里很多不愿意投降曹操的人，都纷纷收拾行李跑去投奔刘备，一时间刘备一行增加到了十万多人。由于人数众多，行动缓慢，有人建议刘备骑快马先行，刘备觉得不能放弃大家，就没有同意。

曹操军队到了襄阳，刘琮大开城门投降。曹操得知刘备已经逃往江陵，马上派出五千骑兵追击。没几天就在**长坂坡**（古地名，在今湖北省当阳市西南）追上了刘备的队伍。两军激战，刘军大败，刘备和诸葛亮等少数人奋力突围，退到了樊口。

这时曹操的大军也已经顺江南下。诸葛亮建议刘备向东吴孙权求助，刘备同意了。

诸葛亮见到孙权后，看他还想继续观望战局，就故意说："如今天下大乱，曹操势力日渐壮大，即便是我的主公刘备也是英雄无用武之地，所以退到了这里。希望您认真考虑，要么跟曹操决裂，要么干脆投降。现在表面上服从，内心却犹豫不决，迟早会大祸临头！"

这明显的激将法把孙权惹生气了，他反问诸葛亮："既然如此，刘备怎么不投降啊？"诸葛亮笑着说："我们主公是汉王室后代，英雄才气盖世无双，怎么能投降呢？"孙权一听，也不甘心将地盘拱手让给曹操，就决定和刘备联合，一起对抗曹操。

有时在面对太过于强大的敌人时，不一定非要单独作战，适当运用头脑来增加盟友一同渡过难关也是可以的。如同故事中的诸葛亮，他深谙孙权的自傲，知道他也不愿屈居于人下，便故意出言刺激他，迫使他与自己结盟，共同对抗曹操，这也是聪明的一种表现。

若饮醇醪

原典

普颇以年长，数陵侮瑜。瑜折节容下，终不与校。普后自敬服而亲重之，乃告人曰："与周公瑾（jǐn）交，若饮醇（chún）醪（láo），不觉自醉。"（西晋陈寿《三国志·吴书·周瑜传》裴松之注）

成语释义

形容一个人心胸宽广、气量宏大，很值得交往，也以"饮醇"指受到宽厚对待而心悦诚服。

近义词

平易近人　虚怀若谷

反义词

盛气凌人　飞扬跋扈

造句

和罗大哥交朋友，真是若饮醇醪，让我沉醉不已。

扫码听音频

历史故事

读史小贴士

时间：公元 208 年
地点：建业
主要人物：周瑜、程普

三国时，周瑜与程普同是孙权手下的得力大将。

周瑜出身**庐江**（三国时的庐江郡）名门世家。早些年孙策与母亲暂居在周瑜的老家，两人关系十分要好。孙坚死后，孙策接收了父亲的旧部。在统一**江东**（指长江以东地区，又称江左）的战役前，孙策得到了周瑜的大力帮助。

后来，孙策的势力日渐壮大，周瑜干脆从袁术那里辞职不干，跑来和孙策一起创业，并带来了后来东吴智囊团的重要成员——鲁肃。当时，周瑜年轻帅气，打起仗来英勇无敌，在东吴很受拥戴，

人们都亲切地叫他“周郎”。

正当孙策事业发展得如火如荼的时候，却不幸遭人暗算，含恨早逝。他的弟弟孙权接管东吴后，谨记哥哥的叮嘱，像尊敬兄长一样敬重周瑜。

程普是当年最早跟随孙坚的部下之一，有勇有谋。在孙坚平定江东的五年里，他的功劳最大。

后来，程普跟随孙策东征西战，不仅数次救孙策于危难之中，还立下了不少战功。孙策死后，他为孙权征伐**江夏**（三国时的江夏郡），开疆拓土，

可以说参与了东吴早期所有的战斗，妥妥的“三朝元老”，威名、声望全都在身，被人们尊敬地称为“程公”。

虽然拥有这些傲人的资本，但程普在军中做事豪爽大气，喜欢帮助有困难的人，还乐于结交一些士大夫，唯独对周瑜看不上眼。起初，周瑜的地位不高，手里也没什么权力，程普也就睁一只眼闭一只眼，尚且能够隐忍。但后来周瑜常常给孙权献上奇谋妙策，地位越来越高，风光无两。

程普内心越来越不爽。每次周瑜和他打招呼，他都爱搭不理。两人一起做事的时候，程普也故意为难周瑜，让他下不来台。

赤壁之战前夕，周瑜和程普分别被任命为左、右大都督。古人尊

左卑右，程普要作为副手听从周瑜的命令。程普简直气昏了头，他不能忍受自己处处被一个年轻人压一头，于是就仗着年纪大，对周瑜冷嘲热讽。

面对程普的无端针对，周瑜并没有生气，而是以宽广的胸襟（jīn）一一忍受下来。遇到军政大事，还会主动向程普请教，恭恭敬敬地行晚辈的礼节。

周瑜宽厚谦逊的态度终于打动了程普。这位老将军在感动之余，对周瑜的态度有了根本性的改变，逢人便说："与公瑾交往，如同喝了一杯醇厚的美酒，不知不觉就醉了。"

自此之后，两人的关系变得十分融洽，成为了忘年交，还在决定东吴命运的赤壁之战中通力合作，战胜了曹操。

俗话说“要以真心换真心”，周瑜面对老将程普的刁难与嫉恨没有做出反击，而是真诚相待、谦卑有礼，最终打动了程普，和他成为忘年交。面对别人恶意的刁难，我们应该沉住气，稳住心态。在待人接物时，也要心胸宽广，真诚谦卑，只有这样，才能得到对方的真心，交到真心的朋友。

光	明		大
完		无	缺
可	有		无
谈	笑	自	

大		不	完
缺	一		可
无		之	谈
	饮	醇	醪

答案：正、璞、美、不、可、稽、若、若

舌战群儒

原典

诸葛亮舌战群儒，鲁子敬力排众议。（明罗贯中《三国演义》第四十三回）

成语释义

舌战：激烈争辩。儒：指读书人。形容同很多人展开辩论，并一一反驳对方。

近义词

能言善辩　侃侃而谈　口若悬河

反义词

语无伦次　张口结舌　哑口无言

造句

她在会议上气场全开，仿佛诸葛亮舌战群儒一般，把一个个有反对意见的人说得哑口无言。

扫码听音频

历史故事

读史小贴士

时间：公元 208 年

地点：柴桑

主要人物：诸葛亮、鲁肃、张昭

公元 208 年秋天，曹操统帅八十万大军南征，想要一统天下。

东吴朝中大臣听说后纷纷劝孙权投降。孙权不愿投降曹操，但无奈曹军人多，两方交战自己肯定不占优势。鲁肃看出孙权的烦恼，便向他提出“联刘抗曹”的主张。于是，孙权就派他去刘备那里探听情况。

当时刘备被曹操打得落花流水，诸葛亮也建议刘备和孙权联手，抵抗曹操的攻击。双方一拍即合，诸葛亮在刘备同意后，便与鲁肃结伴到**柴桑**（古县名，位于江西九江，孙权当时的驻地）面见孙权。

诸葛亮到达后，孙权召集群臣和诸葛亮共同议事，鲁肃把诸葛亮请到军帐中。张昭、虞翻、顾雍等二十多位文武官员穿得正式而华丽，坐得端端正正。诸葛亮一一行礼后在客位上落座。

张昭是主张请和的代表，一看诸葛亮气宇轩昂地走进来，料他一定是来游说打仗的。张昭开口问道：“听闻你们一直想拿下荆州，

可那里如今已归属了曹操，不知你们有什么想法？”

诸葛亮暗想，张昭是东吴第一谋士，若不能先说服他，如何说服得了孙权？于是答道：“我们主公取荆州本是易如反掌，但他谦卑仁义，不忍夺取同宗兄弟的基业。刘琮不懂事，私自投降，才让曹操钻了空子。如今我们屯兵江夏，是有大计划的。”

张昭又说：“此次曹兵一来，你们就被打得丢盔弃甲，这不是让百姓大失所望吗？”

诸葛亮反驳道：“国家大事，天下安危，是要靠谋划的。我们虽然狼狈，但仍在抵抗，总比那些夸夸其谈，到了关键时刻就想投降的人强多了。他们才真正叫天下人耻笑！”张昭被说得哑口无言。

这时虞翻高声发问：“如今百万曹军浩浩荡荡南征，先生认为该怎么办？”诸葛亮回答说：“虽然曹操有百万之军，但多是袁绍和刘表的残部，也没什么可怕的。”

虞翻冷笑道：“你们被打得到处求救，还说不怕，真是大言不惭！”诸葛亮说：“我们数千人怎么打得过百万人？退守是为了等待更好的时机。如今江东兵精粮足，有人却想向曹贼投降，还好意思说我们？可见，我们主公才是真的不怕曹操！”虞翻被说得一言不发。

步骘（zhì）站起来发问道："您难道想仗着自己口才好，效法张仪和苏秦来游说我们东吴吗？"

诸葛亮笑了笑说道："您只知道张仪、苏秦能说会道，大概还不知道他们二人也是联合六国抗击暴秦的豪杰吧！你们只听到曹操的名字就吓得想去投降，居然好意思笑话他们吗！"步骘也被怼得说不出话了。

忽然，薛综站起来问道：“如今曹操裹挟汉献帝，天下三分之二在他手中，你们非要和曹操斗，不是以卵击石吗？”

诸葛亮厉声说道：“没想到您是这样一个不忠不孝的人。曹操祖上是汉朝臣子，却怀有反叛的念头，让天下人气愤。您说现在天下大部分都是曹操的，简直无理！我没有必要同你讲话，请不必多言了！”薛综满面羞惭，无话可说。

陆绩不服气，站起来问道：“曹操毕竟是相

国曹参的后代，刘备自称汉室之后，其实不过是一个卖草鞋的罢了，有什么资格来和曹操抗衡呢？”

诸葛亮轻笑着说：“曹操既是曹相国的后代，就更证明他世代都是汉臣，如今他却目无君主，简直就是曹氏贼子。刘备是堂堂正正的汉室后代，况且织席卖鞋有什么羞耻的吗？我看你真是目光短浅。”陆绩也被气得说不出话来。

还有几个人纷纷提问来刁难诸葛亮，诸葛

亮全部对答如流，众人皆惊慌失色。这时黄盖从外面走进来说:“诸葛亮是当世奇才，现在曹操大军压境，你们不与他商讨对策，为何在这儿斗嘴? “说完，便拉着诸葛亮去找孙权。

见到孙权，诸葛亮先将曹操的兵力告诉了他，然后使用激将法，佯装劝他，要是害怕就直接投降曹操好了。看孙权没有退却，便提出自己有破敌的办法。孙权向他虚心请教，孙刘联盟由此结成。

读史启示

诸葛亮前往东吴，与群臣一问一答，你来我往，甚是精彩。大臣们问的每个问题都带有攻击性，但是每次都被诸葛亮巧妙地化解，这得益于诸葛亮过人的才智和临危不乱的镇定。我们要想在发生突发情况的时候像诸葛亮一样，一方面需要强大的知识积累，另一方面也需要优秀的心理素质，才能运用我们已有的知识巧妙化解危机。

成语接龙

舌		群	儒	儒	雅		流
流	言		语	语		心	长
长		短	叹	叹	为		止
止	于	至			始	善	终

答案：战、风、蜚、重、吁、观、善、善

犯颜苦谏

原典

犯颜极谏，臣不如东郭牙，请立以为谏臣。（战国韩非《韩非子·外储说左下》）

鲁肃也往看问了，来至孔明船中，谓孔明曰："今日公瑾怒责公覆，我等皆是他部下，不敢犯颜苦谏。先生是客，何故袖手旁观，不发一语？"（明罗贯中《三国演义》第四十六回）

成语释义

犯：冒犯。谏：规劝君主或尊长，使其改正错误。形容有勇气冒犯君主或尊长的威严，当面直言规劝。

近义词

犯颜极谏　批其逆鳞

反义词

好谀（yú）恶直　阿谀逢迎

造句

唐朝宰相魏征敢于犯颜苦谏，他激烈的言辞和坚定的态度都是其他大臣难以做到的。

扫码听音频

历史故事

读史小贴士

时间：公元 208 年

地点：赤壁

主要人物：诸葛亮、周瑜、黄盖、曹操

公元 208 年，曹操八十万大军与孙权、刘备联军对峙于赤壁。诸葛亮奉命来到东吴军营与东吴大都督周瑜共商破曹计策。诸葛亮凭借智慧以草船借箭的方法从曹操那里“借”来了十万支箭，周瑜又设计曹操杀了手下的水军首领蔡瑁和张允。屡屡被骗的曹操气急败坏，派出蔡瑁的族弟蔡中、蔡和到江东诈降。

周瑜看他两人独自前来，料定他们不是真心投降，就决定将计就计，将他们留在军营里。

东吴老将黄盖看周瑜与曹操相持已久，却一直按兵不动，非常着急，就私下找周瑜，建议他用火攻战胜曹操。周瑜说：“我也正想施用此计，但需要有一个人去曹操那里诈降，现在没有一个合适的人选啊。”

黄盖听了，便提出由自己来执行此计。周瑜有点犹豫地说：“要实施这个计划恐怕得受些皮肉之苦，不然曹操不会轻易相信！”黄盖答道：“我受孙氏几代厚恩，即使赴汤蹈火也万死不辞。”周瑜被黄盖的忠心深深地打动了，两人约定依计行事。

第二天，周瑜把诸将聚集到帐下，还请来了诸葛亮。周瑜说："曹操领百万之众，这仗不是一两天就能打赢的。今天大家各领三个月的粮草，准备长期御敌吧。"话音未落，黄盖就站出来唱反调说："我看就算是备上三十个月的粮草，也无济于事！不如别硬撑了，早早投降算了。"

周瑜听完后大怒道："现在正是两军相持的时候，你竟敢说这种话来动摇军心，我今天不斩你首级，难服军心！"说完，周瑜喝令左右将黄盖拉出去斩首。黄盖也怒道："哼，我上阵杀敌的时候你还是个小屁孩呢，有什么可威风的？"周瑜一听更生气了，命手下速速将黄盖斩首。

将军甘宁求情说："黄老将军是东吴旧臣，还望您宽恕啊！"众将都跪下求情，周瑜说："看在众文武大臣的面子上，今天暂且免去你的死罪，但也不能就这么算了，拖出去重责一百杖！"众官又来求情，周瑜推翻了桌案，喝退了求情的官员，让手下马上用刑。黄盖被打得皮开肉绽。

事后，鲁肃去看望了黄盖，然后来到诸葛亮休息的船中，对他说："今天周瑜怒责黄盖，我们都是他的部下，不敢犯颜苦谏。但您是江东的客人，为什么也袖手旁观、不发一言呢？您应该阻拦一下这不合理的惩罚啊！"

诸葛亮笑道："你难道不知周瑜今日毒打黄盖，是他俩暗自定下的计谋吗？既是这样，我为什么要劝呢？周瑜肯定是想派黄盖前去曹操那里诈降，故意让蔡中、蔡和目睹这件事情。若不用苦肉计，如何能骗过诡计多端的曹操啊？"鲁肃这才顿悟。

读史启示

"周瑜打黄盖——一个愿打，一个愿挨"的歇后语就是出自这个故事。黄盖是年长于周瑜的老将，但是为了火攻计划的胜利，毅然决然上演了一出苦肉计，这样敢于献身的精神真是令人动容。

万事俱备 只欠东风

原典

孔明索纸笔，屏（bǐng）退左右，密书十六字曰：“欲破曹公，须用火攻；万事俱备，只欠东风。”（明罗贯中《三国演义》第四十九回）

成语释义

俱：全，都。指周瑜定计火攻曹操时，所有事情都准备好了，只差刮起东风。现在形容准备非常充分，只差最后一个重要的条件。

近义词

厉兵秣马　蓄势待发

反义词

大寒索裘　临渴掘井

造句

我们现在是万事俱备，只欠东风，等嘉宾一到场就可以开始今天的活动了。

扫码听音频

历史故事

读史小贴士

时间：公元 208 年
地点：赤壁
主要人物：刘备、曹操、孙权、诸葛亮、周瑜、鲁肃

曹操打败袁绍后，统一了北方。但他仍不满足，生出统一天下的野心。

公元 208 年，曹操号称率领八十万大军顺长江而下，准备先进攻刘表，之后再顺着长江向东，击败孙权，占领东吴，统一天下。

那年，刘表病逝，他的儿子刘琮懦弱无能，还没打仗就被曹操的阵势吓得主动投降了。后来曹操把刘表的军队收为己有，带着大

军继续向长江推进，准备先收拾了刘备，再攻打孙权。

当时刘备正驻守在樊城。他听到曹操率领大军将至，决定把人马先撤到江陵。曹操赶到襄阳时，听说了刘备向江陵撤退的消息，又得知刘表将大批军粮藏在江陵，怕被刘备抢去，于是亲自率领五千轻骑兵追赶刘备。刘备因为兵马不足，在长坂坡被追来的曹军杀了个七零八落。

刘备深知自己军队力量不足，难以和曹操抗衡。在被曹操打败退军的途中，诸葛亮主动请命赴柴桑会见孙权，说服东吴与之结盟。

这边，孙权也知道自己的力量很难打败曹操，但又怕荆州被曹操占领，东吴陷入危机，于是同意了刘备的结盟请求。刘备听取了鲁肃的建议，退守樊口。

决定抗曹后，孙权命周瑜为主将，程普为副将，率三万精锐水军，联合驻守在樊口的刘备军，沿着长江行进，共同迎击曹军。两军对峙于赤壁。

曹操兵多将广，相对于孙刘联军，在人数上拥有压倒性的优势。孙刘联军的诸葛亮和周瑜共同商讨破敌良策。两人经过分析，不谋而合，都主张用火攻来打败曹操。

曹操手下的将领蔡瑁和张允精通水战，若是这两人为曹操训练水军，那孙刘联军的火攻计划就面临失败的危险。于是，周瑜用反间计，用伪造的信件让前来劝降的蒋干误认为蔡瑁、张允叛变。蒋干把这一消息传回，曹操一气之下处死了二人。

为了顺利实施火攻计划，周瑜安排庞统偶遇蒋干，与他一同逃回曹营。庞统向曹操献计，把战船连在一起，说这样方便北方士兵们作战。周瑜和黄盖还演了一出苦肉计，让黄盖向曹操投降。实际上，黄盖在船中装满了容易燃烧的物品，准备以诈降的方式冲向曹营，发起火攻。

可等一切都准备好后，周瑜却发现曹操的船只都停在大江的西北方向，而自己的船只靠在南岸。当时正是冬天，西北风呼呼地吹，如果用火攻，大火不但烧不着曹操，反而会烧到自己的头上。

为此，周瑜忧急成病，卧床不起。诸葛亮前来拜访周瑜，自称有个秘方可以治好周瑜的病，还把药方写了出来。

周瑜接过药方一看，大吃一惊，只见上面写的并不是什么药材，而是一段话：欲破曹公，须用火攻；万事俱备，只欠东风。一语道破了周瑜的心事。周瑜心想：诸葛亮真是神人啊！于是向他请教破解的办法。诸葛亮说：“我夜观天象，算出近日有东南风。”周瑜听了大喜，说：“先生只要告诉我东南风来的时间，一切就都好办了。”

周瑜命令部下做好一切火攻的准备，等东南风一起，马上下令发起火攻。黄盖借着风势带船猛冲进曹军水寨。曹军的船阵很快都烧了起来，由于船与船用铁链相连，一眨眼工夫，所有的船烧成一片火海。水上火势猛烈，岸上的营寨也着了火，孙刘联军乘势出击，曹军死伤大半，曹操带领手下从华容道灰溜溜地逃走了。

读史启示

论兵力，孙权、刘备的军队联合起来也不敌曹操，但最终双方联手，在与曹操的对战中取得了压倒性的胜利，这是因为诸葛亮和周瑜善于思考，懂得借助外界条件帮助自己。

我们在生活中遇到困难也要积极地思考，借助周围环境解决问题。另外，火攻曹操的计划能够成功，关键在于周瑜做好了万全的准备，只要借助一场东风就能取得胜利。我们在做事情之前，也要做好充分的准备，这样才不会错过机会。

谈笑自若

原典

宁受攻垒（lěi）日，敌设高楼，雨射城中，士众皆惧，惟宁谈笑自若。（西晋陈寿《三国志·吴书·甘宁传》）

成语释义

自若：自如，表平常、放松的状态。说说笑笑，跟平常一样。形容能够在紧张或危急的情境下仍保持平常心，镇定自如地对待人或事。

近义词

谈笑自如　泰然自若　神色自若

反义词

杯弓蛇影　谈虎色变　张皇失措

造句

他的心理素质真是强大，在那么紧急的关头还能谈笑自若。

扫码听音频

历史故事

读史小贴士

时间：公元 208 年
地点：夷陵
人物：甘宁、曹操、刘备、曹洪、周瑜

三国时有一个人叫甘宁。他年少时在家乡为非作歹，小小年纪就称霸一方。后来突然改过自新，认真读书，渐渐有了贤名，先后在刘表和黄祖的手下做事。虽然屡次立功，但一直得不到重用。

公元 208 年，甘宁离开黄祖，率众改投孙权。由于周瑜和吕蒙的联袂（mèi）推荐，孙权十分器重甘宁。同年冬天，统一北方后的

曹操强势南下，与孙刘联军在赤壁大战，甘宁跟随周瑜在**乌林**（湖北省洪湖市境内，与赤壁隔江）大破曹操。最后，曹操落败，从华容道落荒而逃。

周瑜、诸葛亮商量后，决定乘胜追击，想要一举拿下曹操，于是率领军队一直追到**南郡**（今湖北省荆州市江陵县境内）。谁知驻守南郡的魏将曹仁以逸待劳，周瑜的先头部队被其打得溃不成军。周瑜听到这个消息大为震怒，准备与曹仁决一死战。甘宁因在赤壁之战中立下战功，被任命为**西陵**（古县名，位于今湖北省武汉市新洲区）太守、**折冲将军**（古代武官名）。在周瑜鼓足了劲想要和曹仁决战的时候，他站出来劝阻。

甘宁告诉周瑜，南郡与**夷陵（古县名，属古荆州）**相接，贸然攻击南郡可能会损失重大，应该趁其不备先袭取夷陵，然后再进攻南郡。周瑜接受了甘宁的建议，命他领兵攻取夷陵。

甘宁率军直逼夷陵城下，曹洪奉命据守夷陵。虽然当时甘宁手下只有几百人，但他最终还是取得了胜利，曹洪败走。甘宁当机立断，命令部下迅速入城，把城内的士兵收编以壮大自己的队伍，但最终人数也不过千人。

当天黄昏，驻守南郡的曹仁得知夷陵失守后火速派兵支援曹洪，聚集了五千多人把夷陵城团团围住。曹军架设云梯攻城，但都被甘宁率军击退。

第二天，曹军改变作战策略，堆土构筑高楼，在高楼上向夷陵城中射箭。一时间箭如雨发，甘宁的军队有诸多伤亡，将士们都很害怕，唯独甘宁跟平时一样说说笑笑，丝毫不慌。

甘宁命人将曹军射来的数万枝箭收集起来，选派优秀的弓箭手，站上城楼与魏军对射。由于甘宁的顽强抵抗，曹军最终也无法攻破城池。

后来，周瑜收到甘宁的求助信，迅速赶来救援，于是解了夷陵之围。

读史启示

大敌当前，甘宁率领的军队在人数和武器上都不占优势，甚至还有许多将士死于曹军的箭下。在这样危急的情况下，甘宁没有张皇失措，而是沉着冷静地应对，保持良好的心态，最终守住了城池，抵挡住了强大敌人的进攻。

我们在学习中、生活中也会遇到各种各样的危急状况，我们首先要保持冷静，以平常心对待所处的情境，沉着冷静地寻找办法，这样才能有效地解决问题。

成语接龙

谈	笑		若	若	即	若	
	经	叛	道	道	听		说
说		道	四	四		楚	歌
歌	舞		平	平	分		色

答案：自、离、离、途、三、面、升、秋

巢毁卵破

原典

儿徐进曰："大人岂见覆巢之下，复有完卵乎？"（南朝宋刘义庆《世说新语·言语》）

成语释义

鸟巢毁了，鸟蛋也会被打破，形容集体受到重创，成员也会遭受损失。

近义词

唇亡齿寒

反义词

风牛马不相及

造句

如果国家动荡，战火纷飞，人民怎么可能安居乐业？你连巢毁卵破的道理都不懂吗？

扫码听音频

历史故事

读史小贴士

时间：公元 208 年
地点：洛阳
主要人物：孔融、曹操

孔融是孔子的后代，自幼聪明且知书达理，少年时便有突出的才能，受到名士的赞许，“孔融让梨”的故事流传至今。他生性喜欢交朋友，还经常抨议时政，言辞激烈，这虽然让他声名远扬，但也得罪了不少人。

孔融在朝为官时，正值董卓总揽朝政，想找借口废掉汉献帝。孔融据理和董卓当庭争辩，董卓对他怀恨在心，就把他分配到黄

巾军势力最大的北海国出任国相。但这件事也让当时的士人更加佩服他。

公元 196 年，曹操迎汉献帝到许都，急需一批有声望的士人来提振威望，孔融便在曹操拉拢的名单中。但曹操只是用他们装点门面而已，封给他们的官位也都是虚职。作为名士，孔融淡泊名利，并不在乎这些，反而很赞赏曹操迎接汉献帝、稳定时局的行为。

但是很快，孔融就发现曹操并不是真心挽救汉室，只想借机独权。孔融渐渐心生不满，开始对曹

操冷眼相对，对曹操的一些行为更是冷嘲热讽，让曹操的风评差了很多。

公元 204 年，曹操为消灭袁绍的势力，进攻邺城，屠杀城里的百姓，虏了很多袁氏家族的妇女。曹操的儿子曹丕还私自娶了袁熙的妻子甄氏。追随汉献帝的孔融当时已被征召入朝为官。他听说此事后，写信给曹操，讽刺曹丕的强盗行为，这让曹操的脸上很挂不住。

公元 207 年，曹操北征乌桓，孔融又嘲讽他说：“大将军（曹操）远征，萧条海外，从前**肃慎**（中国古代东北的一个民族）不进贡**楛**（hù）**矢**（用楛木做杆的箭），**丁零**（中国古代北方民族）偷盗苏武的牛羊，可以一并讨伐啊！”因为孔融名重天下，曹操对孔融的言论表面上装着容忍，暗地里却记恨他这些议论，担心他破坏自己的大业。

官渡之战后，曹操统一了北方，他对朝政的控制能力也空前强大，汉献帝的傀儡意味越来越浓烈。这是孔融这种忠心拥护汉室的朝臣不能容忍的。于是，孔融上了一道奏表——《上书请准古王畿（jī）制》，建议扩大**司隶校尉**（汉至魏晋监督京师和周边地方的监察官）的管辖区，京师附近不封诸侯，意图以此限制曹操的权力。

后来，曹操以刘表不向朝廷按时进贡，还做了许多违法的事为由，率大军进攻刘表和刘备所在的荆州。孔融认为刘备和刘表是汉室宗亲，极力反对曹操南征荆州。一位与他向来不和的御史大夫转头就去曹操那里告状，说孔融心怀不轨。曹操心中累积的怒气爆发，下令处死孔融一家。

官兵去抓人的时候，孔融的两个不到十岁的孩子正在家中，仿佛什么都没发生似的玩游戏。家里的仆人以为孩子不懂事，大祸临头还不知道，便偷偷地叫他们赶快逃跑，孩子们却淡定自若。

孔融请求官兵放过两个年幼的孩子，并表示自己愿意承受一切惩罚。但孩子们拉了拉孔融的袖子，对他说：“父亲，想开点儿，捣翻的鸟巢下怎么还会有完好的鸟蛋呢？”在场的人都被这个小孩的冷静和聪慧打动了，但使命难违，孔融一家最终死于曹操令下。

读史启示

孔融不满十岁的孩子说出了“覆巢之下安有完卵”的名言，让这个悲情的故事流传千古，也让后人认识了孔融的两个临危不惧、深明大义的孩子。一方面，我们要从两个孩子身上学会遇事冷静，不惊慌失措；另一方面，我们要从这句流传至今的名言中汲取经验，知道有些事情是休戚相关的，比如国家和人民、集体和个人，所以要维护公共的利益，只有在团结有爱的集体中我们才能健康成长。

成语接龙

巢		卵	破	破		为	笑
笑	口		开	开	门		山
山		水	秀	秀	外	慧	
	道	而	废	废		忘	食
食		不	化	化	为		有
有	识	之			别	三	日

答案：毁、涕、常、见、清、中、中、寝、古、乌、士、士

彩虹糖童书馆
Rainbow Candy Kids' Book House

目录

主要人物
曹操
刘备
诸葛亮
孙权
庞统
周瑜
吕蒙
马超
三国

五．刘备入蜀

赤壁之战后，在益州盘踞多年的刘璋既受制于据守汉中的张鲁，又深感来自曹操攻取汉中的威胁，邀请刘备入蜀帮忙。刘备趁机发展壮大自己的势力，之后击败刘璋，占领了益州。

手不释卷

原典

上雅好诗书文籍，虽在军旅，手不释卷。（三国魏曹丕《典论·自叙》）

光武当兵马之务，手不释卷。（西晋陈寿《三国志·吴书·吕蒙传》裴松之注引）

成语释义

释：放开。卷：书本。手里不放下书本，形容人喜爱读书，勤奋好学。

近义词

学而不厌　孜孜不倦　昼耕夜诵

反义词

不学无术　胸无点墨

造句

爷爷从小就爱好读书，退休之后仍然手不释卷，值得我们学习。

扫码听音频

历史故事

读史小贴士

时间：公元 208—公元 209 年
地点：东吴
主要人物：吕蒙、孙权、鲁肃

吕蒙是东汉末年的名将，年轻时跟随孙策到处征战，以胆气著称。因为他幼时家境贫寒，读书不多，所以很多人都认为他是个有勇无谋的人。

后来，孙策遇刺身亡，孙权掌权。吕蒙因在练兵方面表现优秀，深得孙权器重。后来，吕蒙接连打了很多胜仗，官职越来越高。周

瑜占领江陵后，吕蒙因功被任命为偏将军，兼任**浔阳**（古地名，位于今江西省九江市）**令**（秦汉时大县的行政长官）。

一天，孙权对吕蒙说：“你现在身居要职，掌握重权，应该通过学习来提升自己！”吕蒙推辞说：“现在军营里面需要处理的事情很多，我忙得连睡觉的工夫都没了，恐怕没有时间读书学习啊。”

孙权听了，对吕蒙说：“我劝你读书，只不过要你粗略地读书，汲取知识、了解历史罢了。要说事务多，谁能比得过我啊？我小时候就读很多经典著作，统率江东以后就读三史和各家的兵书，大有收益。你只要去学习肯定有很大收获，为什么不去做呢？”

孙权又对身边的人说道："当年光武帝刘秀统兵打仗的时候，手里总是拿着书不放下。曹操也自称到老了仍酷爱学习，你们怎么能不勉励自己呢？"

听了孙权的劝告，吕蒙下决心好好读书。他不是漫无目的地读书上的文字，而是一边读一边思考，吸收史籍中的精华奇妙之处，遇到读不懂的地方也不去钻牛角尖。所以，即便军中事务繁忙，吕蒙仍能快速地读书，从各种书籍中汲取大量的知识，充实自己。

有一次，鲁肃路过吕蒙的驻地，顺道去拜访他。但他听说吕蒙是武夫出身，心里有点看不起他。当两人在谈及对付关羽的策略时，吕蒙的谈吐学识让鲁肃大吃一惊，他夸赞说：“你如今的才略，已经不是当初的吴下阿蒙了！”

后来，吕蒙所读过的书和发出的见解，很多大学者都比不上。吕蒙也因此改变了别人对他的印象，成为中国古代将勤补拙、笃志力学的代表。

读史启示

吕蒙的博学多识并不是年少读书获得的，而是后天通过博览群书所获得的。他靠着读书，从见识浅薄的武将成为有勇有谋、全面发展的人才。这告诉我们，知识是可以改变人生、改变命运的。我们应当多读书，多多汲取书中的养料，用知识武装自己，从而让自己变得更加优秀，更加强大。从现在开始，热爱读书，热爱学习吧！

成语接龙

手	不		卷	卷		重	来
来	之	不			子	而	食
食	之		味	味	同		蜡
蜡		成	灰	灰		土	脸

答案：释、土、易、无、嚼、炬、头

锦囊妙计

原典

遂唤赵云近前，附耳言曰：“汝保主公入吴，当领此三个锦囊。囊中有三条妙计，依次而行。”（明罗贯中《三国演义》第五十四回）

成语释义

描写足智多谋的人把对付敌方的计策写在纸条上，放在锦囊里，以便当事人在紧急时刻拆开看。比喻有准备的巧妙办法。

近义词

万全之策　神机妙算

反义词

一筹莫展　无计可施

造句

小明说他有锦囊妙计帮我，结果到头来受罚的还是我！

扫码听音频

历史故事

读史小贴士

时间：公元 209 年
地点：荆州
主要人物：刘备、诸葛亮、周瑜、鲁肃

赤壁之战后，曹军元气大伤，曹操就算是再恨也得咬落牙齿往肚子里吞，默默咽下这枚苦果。

刘备、孙权击退了共同的敌人后，彼此的账也要算一算了。原来，刘备趁着周瑜、曹仁厮杀之际，袭取了原先由孙吴控制的南郡、荆州、

襄阳、长沙四郡。这不，还没过多久，周瑜就借着刘表之子刘琦去世这件事，派鲁肃来讨要荆州了。

鲁肃刚一提出，诸葛亮就声称刘备才是汉室之后，且荆州原是刘表所辖，现弟承兄业也理所当然。赤壁之战中，如果不是刘备一起出力，孙权的军事力量或许早已倾覆了。

诸葛亮一番话砸下来，鲁肃直接哑口无言了。最后，他只好无奈地说，自己这样回去恐怕无法交代。这正是诸葛亮

想要的效果，他顺势提出“立下文书，这荆州再借我们一用，等取得西川后就交回”的建议。等鲁肃将文书带回去后，周瑜发现上当已经晚了。

又过了几天，刘备的夫人甘夫人去世。周瑜又生一计，想到孙权还有个妹妹孙尚香，就打算派人去荆州找刘备说媒，骗他来江东入赘（zhuì）。等他一到，直接关进大牢，到时候不仅老婆娶不上，荆州也得交出来！

周瑜将计谋告知孙权，孙权也觉得此事可行，便派人去荆州说亲。刘备知道这是个圈套，却不得不先应下来。他忙问诸葛亮该怎么办，诸葛亮让他放心去江东，同时唤了赵云过来，叫他保护刘备，并交给他三个锦囊，说："锦囊中有三条妙计，遇到难题，要依次执行。"赵云收好锦囊，护送刘备去江东了。

到了江东，赵云按照吩咐打开了第一个锦囊，上面赫然写着"大肆宣传婚事，见**乔国老**（江东二乔的父亲）"。赵云看了便让手下去传播，一传十，十传百，消息很快传遍了江东。然后，赵云按锦囊所写拜访了乔国老。

乔国老是吴国的大人物，他听说此事后便去拜见孙尚香的母亲吴国太，向她道喜。吴国太这才知道孙权要拿自己妹

妹算计刘备，自己竟也被蒙在鼓里。她怒斥周瑜和孙权后，做主将女儿直接嫁给刘备！吴国太一出马，婚事进行得无比顺利。

眼见原计划失败，周瑜让孙权启动第二个计划——美人计，送刘备美人和珠宝，让他耽于享乐，借此离间刘备与他的亲信。

这边赵云看情况不对，打开第二个锦囊，上面写着“军情紧急，速回荆州”。不得不说，诸葛亮真是料事如神，这条妙计让陷在温柔乡里的刘备马上不再沉迷，哄着孙夫人说服吴国太，放他们回荆州。

眼看刘备驱车离开，周瑜决定撕破和平的面具，直接派兵前去追捕。赵云见情况危急，打开第三个锦囊，上面写的是“向孙夫人坦白前因后果”。

刘备马上化身“戏精”，悲痛地向孙夫人讲述自己如何被孙权设计陷害，还诚恳地表达自己对孙夫人的情意。孙尚香没想到自己竟是哥哥的棋子，于是气冲冲地出面喝退了东吴的追兵。

刘备一行人摆脱追兵后，与前来接应他们的诸葛亮会合。等周瑜亲自率兵赶到，已经来不及了，他刚想要追赶，却反被关羽追杀，只能灰溜溜地逃回东吴。

读史启示

三条锦囊妙计，让刘备成功从江东顺利回到荆州，也让东吴“赔了夫人又折兵”。周瑜与诸葛亮之间的较量远不止于此，但大多都以周瑜失败而告终，在《三国演义》中，周瑜自负、心胸狭隘，诸葛亮抓住了这一点，将计就计，将他逼上绝路，最终气死了周瑜。

这个故事告诉我们，面对危机时要提前规划，做好筹谋，同时，借助一切能够借助的力量，才能从容地应对一切突发状况，化险为夷。

成语接龙

锦		妙	计	计	日		功
功	成		就	就		论	事
事		有	因	因	人		异
异	想		开	开		见	山

答案：囊、程、名、事、出、而、天、门

怒气填胸

原典

却说周瑜怒气填胸，坠于马下，左右急救归船。（明罗贯中《三国演义》第五十七回）

成语释义

怒气填满了胸膛，形容生气、愤怒到了极点。

近义词

怒火中烧　火冒三丈　咬牙切齿

反义词

心如止水　心平气和　平心静气

造句

犯人的一桩桩恶行被逐次揭开，众人都怒气填胸。

扫码听音频

历史故事

读史小贴士

时间：公元 210 年
地点：柴桑
主要人物：曹操、程昱、周瑜、诸葛亮

赤壁一战，曹操乘兴而来，铩羽而归。本想继续南征，但是眼见刘备与孙权结盟，又不敢轻举妄动。

这天，曹操正在郁闷地喝酒，忽然听到手下来报：“孙权把妹妹嫁给了刘备，现在大半个荆州都是刘备的了，孙权遣使来表奏立刘备为荆州牧。”

曹操听了，慌得手中的酒杯都掉到了地上。一旁的程昱见了，忙上前关切地询问。曹操说：“刘备是人中的龙，现在得了荆州，就像困龙入海，以后怕是更难对付了。”

程昱却不这么认为，他向曹操献计说，可以任命刘备为荆州牧的同时，再任命周瑜为南郡太守，任命程普为江夏太守。这样一来，让周瑜和刘备互相牵制，便可以趁他们相争之时，有所图谋。曹操觉得可取，就照做了。

周瑜虽然领了南郡太守之职，但南郡还被刘备占领着，他便上书孙权，要求再派鲁肃去讨还荆州。

这边，刘备和诸葛亮终于有了自己的地盘，正忙着囤积粮草，训练兵马。忽然有人报告说鲁肃来荆州了，诸葛亮立马猜出了鲁肃的来意。刘备问道："我们该怎么办？"诸葛亮说："倘若鲁肃提起索要荆州的事情，主公便放声大哭，其他事交给我。"

鲁肃入府后，直接向刘备说明了自己的来意。话音刚落，刘备就捂着脸放声大哭起来。

这时候，诸葛亮从屏风后面出来，假装为难地对鲁肃说："当年我家主公借荆州之时，确实是许下了攻取西川之后，便会交还荆州的承诺。但是，益州的刘璋（zhāng）是我家主公的兄长，如果派兵攻取他的城池，难免会被世人唾骂。若此时交还荆州，那我们就失去了安身的地方。我家主公真是左右为难啊，这才哭得这么伤心。”

听了诸葛亮这番话，刚刚还假哭的刘备真的哭起来。诸葛亮对鲁肃说：“要不这样，我们签下契约，只要我们拿下益州，马上将荆州奉还。”

最后，鲁肃拿着一张契约，回到柴桑见周瑜，汇报了索要荆州的过程。

周瑜气得指着鲁肃说：“你中计了！不过，我有一计，能让诸葛亮逃不出我的谋划。”于是，周瑜让鲁肃再去荆州，告诉刘备，他将替刘备出兵攻益州，用来交换荆州。其实只是借此之名攻打荆州，好让刘备防不胜防。

鲁肃再次到访荆州，他对刘备说：“我们大都督将出兵替您收复西川。但兵马路过荆州之时，希望你们准备些钱粮出来迎接。”诸葛亮叫刘备应下。刘备不明所以，诸葛亮告诉他，周瑜实际是想攻取荆州。只要做好准备，一定能破了他的计谋。

鲁肃回去见到周瑜，说刘备已经答应。周瑜以为诸葛亮中计，便亲率大军直奔荆州。东吴战船密密麻麻地排在江上，眼看要到荆州城下，却没有一个人出来迎接。周瑜只好亲自带着三千精兵直奔荆州。

周瑜一行人来到城下，命令士兵前去叫门。士兵大喊道：“东吴大都督到此。”话还未说完，城楼上的军士都举起了刀剑。赵云现身城楼，大声道：“我们军师早就看穿了你们的计谋。我就是一死也要拦住你！”周瑜一慌，勒马便回。

回去路上，前方哨兵报告说：“刚刚打探到有四路兵马正朝我们赶来：关羽从江陵杀来，张飞从秭（zǐ）归杀来，黄忠从公安杀来，魏延从孱（chán）陵杀来，具体不知道有多少人，都喊着要活捉东吴都督周瑜。”周瑜在马上大叫一声，怒气填胸，箭疮复发，直接掉下马去了。

读史启示

文武双全的周瑜和神机妙算的诸葛亮在三国故事中是一对冤家对头，诸葛亮有三气周瑜的计策，周瑜也发出了“既生瑜，何生亮”的感叹。其实优秀的人才之间是可以在相互竞争中共同进步的。在生活中，我们也可以把竞争者当成自己的朋友，在与对手的较量中让自己变得更强，而不是弄得两败俱伤。

负重致远

原典

陆子可谓驽（nú）马有逸足之力，顾子可谓驽牛能负重致远也。（西晋陈寿《三国志·蜀书·庞统传》）

成语释义

负：背着。致：到。背着重东西到很远的地方，形容能够承担艰巨的任务。

近义词

任重道远

反义词

绠（gěng）短汲（jí）深　不胜其任

造句

只要怀有必胜的决心，我们一定可以负重致远，取得最后的胜利。

扫码听音频

历史故事

读史小贴士

时间：公元 210 年
地点：吴郡
主要人物：庞统、司马徽、陆绩、顾劭、全琮

庞统是东汉末年刘备帐下的重要谋士，与诸葛亮一同担任军师中郎将（武官名，刘备所置，参掌军事）。当时，襄阳著名的隐士司马徽把庞统称为“凤雏”，把诸葛亮称为“卧龙”，可见庞统的聪明才智。

庞统少时为人朴实，表面看上去并不聪明，当时也没有太多人认识他。二十岁的庞统听说颍川的司马徽为人清雅，擅长发现有才能的人，便慕名前去拜见。

庞统拜访时，司马徽正坐在桑树上采桑，而庞统站在树下，两人就这样一直从白天聊到黑夜。司马徽对庞统大为惊异，说南州士子里没有人比得上庞统。有了司马徽这句话，庞统渐渐变得有名。

起初，庞统在周瑜身边做事。后来，周瑜病死，庞统护送他到吴郡。很多人早就听过庞统的大名，听说他要来吴郡，便前去奔丧，顺便拜会庞统。到了那天，当时很有名的文人陆绩、顾劭（shào）、全琮都去了。

几个人找了一处地方歇息，邀请庞统点评一下他们。庞统说："陆绩可以说是一匹跑得不快但拥有强劲脚力的马，而顾劭是一头能背着重物走到很远地方的牛。"庞统又转过头对着全琮说："全琮先生喜好助人，有点像汝南樊子昭。虽然才智不足，但也是难得的人才。"

后来，有人问庞统："照您看，陆绩和顾劭比，谁更好呢？"庞统说："驽马虽然精良，但乘坐的只是一人罢了。驽牛一天走三十里，所承受的哪里只是一个人的重量呢？"顾劭去见庞统，两人谈话间，顾劭问："我和您相比，谁好一些？"庞统说："平常人物的分析，我比不上您。但是给帝王出谋划策，我可就比您强一点儿了。"顾劭觉得庞统的话有道理，就和他更亲近起来。

顾劭出身于江东名门大族中的顾家，少年时与舅父陆绩齐名，从小就显出了过人之处，二十七岁就做了豫章太守，得到孙权赏识。他善于识别人才，提拔的很多人都做了官，取得了不小的成就。观其一生，庞统对他"负重致远"的评价十分确切。

读史启示

这个成语故事中，庞统形容顾劭是一头能背着重物走到很远的地方的牛，能做到这一点是何等的不易。生活中，我们也要有负重致远的精神，即使肩上的担子很重，即使目标离我们很远，我们也要拿出坚韧的毅力，永不言弃，一步一个脚印，踏踏实实前行。相信终有一天，我们能够达到向往的地方。

成语接龙

负	重		远	远		卓	识
识		知	著	著	书		说
说	长		短	短		相	接
接		而	至	至	高		上

答案：致、见、微、立、道、兵、踵、无

疾雷不及掩耳

原典

疾雷不及掩耳，迅电不及瞑目。（周太公望《六韬·龙韬·军势》）

吾顺言许之，所以从其意，使自安而不为备，因畜士卒之力，一旦击之，所谓疾雷不及掩耳，兵之变化，固非一道也。（西晋陈寿《三国志·魏书·武帝纪》）

成语释义

突然响起的雷声让人来不及捂耳朵。形容事情突然发生，让人来不及防备，也常作“迅雷不及掩耳”。

近义词

猝不及防　风驰电掣

反义词

慢条斯理　施施而行

造句

连着几天的暴雨天气引发了山洪，洪水以疾雷不及掩耳之势淹没了山脚的村庄。

扫码听音频

历史故事

读史小贴士

时间：公元 211 年
地点：潼关
主要人物：曹操、马超、韩遂、钟繇

曹操在赤壁之战大败后，丢失了南方重镇江陵，南进困难重重，于是把目标改为了西南的关中和巴蜀地区。

当时，据守关中的马超、韩遂、杨秋等十多个大小势力，名义上归顺曹操，其实却是他向西南进兵的一个巨大威胁。

公元211年三月，曹操派司隶校尉钟繇（yáo）与大将夏侯渊共同出战，讨伐汉中的张鲁。马超、韩遂等人心里都很警惕，觉得曹操这次是冲自己来的，于是集结十万兵马，起兵反抗。

曹操到达潼关后，不断往此处运送粮草，做出要强攻潼关的假象。关中各路人马闻讯后也不断向潼关增兵。不久，关中联军几乎都到达了潼关。

曹操趁着黄河西岸防守空虚，迅速率大军西渡黄河。九月，曹操大军渡过渭水，进驻渭南。两军相持，马超等数次挑战，曹操都不应战。关中众将领有点不知所措。

就这样，马超、韩遂在潼关从三月一直守到了冬天。关中的农业生产全部荒废了，军队收不到粮食，全军面临断粮的危险。

无奈之下，马超、韩遂等人只好向曹操请和。曹操的谋士贾诩建议曹操使用离间计瓦解关中联军。于是，曹操表面答应议和，暗中养精蓄锐。

曹操的父亲和韩遂的父亲同一年做官，有一些交情，韩遂因此作为谈判代表与曹操相见。曹操与韩遂两人见面谈了好一段时间，但他们谈的不是军事，只是说说京都旧人故事，特别开心。

回去之后，马超一行人问韩遂："曹操说了些什么？"韩遂道："哦，没什么呀。"马超等人不信，以为他与曹操私下达成协议，于是对韩遂起了疑心。后来，曹操又写信给韩遂，特意在信中涂涂改改，装成被韩遂改动的模样。马超等人见了，对韩遂的怀疑又加深了。

曹操与马超按约定日期交战。曹操先用轻兵引诱敌军，双方交战了很久，体力消耗得差不多时，曹操派遣精锐骑兵夹击，以迅雷不及掩耳的速度，大破关中联军。韩遂、马超等人只好逃往凉州，杨秋逃奔安定，渭南落入曹操手中。

读史启示

韩遂与马超本是叔侄关系，韩遂有谋、马超有勇，二人的联合可以说坚不可摧。曹操几次失利就是韩马联合的结果。但在渭南之战中两人为什么还会被曹操成功离间呢？主要还是两人缺乏有效的沟通，才导致误会越来越大。所以，我们对待朋友要保持起码的信任，不能因为有心之人的挑拨而产生不必要的误会。

另外，虽然曹操在赤壁之战打了败仗，但是他没有就此一蹶不振，而是振奋精神，吸取教训，以迅雷不及掩耳之势取得了下一次战争的胜利。这告诉我们，失败是成功之母，每次失败过后都是一次新的开始，在遇到失败之后不要气馁，要从失败中吸取教训，准备迎接更好的自己。还要开动脑筋，面对困难不要慌张，冷静思索才能找出决胜的方法。

成语接龙

光 明 □ 大　　大 □ 身 手

手 □ 情 深　　深 恶 □ 疾

疾 雷 不 及 □ 耳

答案：正、显、足、痛、掩

放虎归山

原典

既入，巴复谏曰："若使备讨张鲁，是放虎于山林也。"（西晋陈寿《三国志·蜀书·刘巴传》裴松之注引）

成语释义

把抓获的老虎放回山林，形容把坏人放走，留下祸患，使局面变得危险。

近义词

养虎为患　后患无穷

反义词

斩草除根　除恶务尽

造句

如果就这样轻而易举地放掉那个坏人，那就等同于放虎归山，后果将不堪设想。

扫码听音频

历史故事

读史小贴士

时间：公元 211 年
地点：益州
主要人物：刘巴、刘备、刘璋

三国时期的刘巴是一个饱读诗书的荆州名士。刘表听说他很有才，数次请他来帮自己成就大业，都被刘巴拒绝了。

公元 208 年七月，曹操南征攻打刘表。八月，刘表病逝，儿子刘琮接任荆州牧。九月，曹操进军到了新野，刘琮投降。曹操快速南下追击刘备。

刘备当时屯兵樊城，听到刘琮投降的消息，随即率军撤离。刘琮的部下以及很多荆州士人都投靠了刘备，刘巴却北上拜会曹操。曹操任命刘巴为官署**属员（下属官吏）**，让他招降荆州南部的长沙、零陵、桂阳三郡。

不料，曹操在后来的赤壁之战中被刘备、孙权联军击败，武陵、长沙、桂阳、零陵四郡被刘备乘胜占领。刘巴没守住领地，无法向曹操复命，就想先逃至**交趾**（中国古代地名，位于今越南北部红河流域），再想办法回曹操那儿去。

后来又辗转到了益州，在刘璋手下任职。

刘巴在交趾期间，诸葛亮曾写信劝他投奔刘备，他不同意。刘备为此十分遗憾。

公元 211 年，刘璋想请刘备进入益州帮他讨伐张鲁。刘巴劝谏说：“刘备才能过人，让他进入益州必然会造成祸害啊。”刘璋不听，不仅上表推荐刘备代理**大司马**（古代官名，职责是掌军事），还给刘备配兵，让他讨伐张鲁。

刘巴知道后，又向刘璋进言道："如果让刘备去讨伐张鲁，相当于将老虎放归山林啊。"刘璋还是不听，气得刘巴闭门称病。

后来，刘备果然向刘璋出手，夺取益州。公元 214 年，刘璋战败，益州彻底落入刘备之手。

读史启示

这个故事告诉我们，要善于听取别人的意见，结合他人的建议和自己的想法做决定，这样做往往能避免我们犯更多错误。而且，对于那些可能成为潜在危险的事物，一定要提前想到对策，提前解决问题，否则留到最后可能成为很大的隐患，到时候再后悔就来不及了。

成语接龙

放		归	山	山		水	秀
秀	外		中	中	道		废
废		忘	食	食		不	化
化	为		有	有	机		乘
乘		破	浪	浪		虚	名
名	存		亡	亡	羊	补	

答案：虎、清、慧、而、寝、古、乌、可、风、得、实、牢

枕石漱流

原典

伏见处士绵竹秦宓（mì），膺（yīng）山甫之德，履隽（juàn）生之直，枕石漱（shù）流，吟咏缊（yùn）袍，偃息于仁义之途，恬淡于浩然之域，高概节行，守真不亏，虽古人潜遁，蔑以加旃（zhān）。（西晋陈寿《三国志·蜀书·彭羕传》）

成语释义

用石头当枕头，用流水漱口。指隐居生活。

近义词

岩居川观　长林丰草　轻举远游

反义词

骑鹤扬州　策名就列

造句

陶渊明辞去官职，归隐田园，甘愿枕石漱流，过逍遥自在的日子。

扫码听音频

历史故事

读史小贴士

时间：不详
地点：广阳
主要人物：秦宓、彭羕、许靖

秦宓是三国时期蜀汉的大臣。他能言善辩，很有才学。刘焉担任益州牧的时候，多次征召他做官，都被他以自己身体有病为由推辞了。

秦宓有个好朋友叫彭羕（yàng），他俩还是同乡。彭羕身材魁梧、聪慧过人，在蜀中很有名望。但是他性格很高傲，对大多数人都很冷漠，只对秦宓敬重有加。

后来，刘璋接管益州，任命许靖任广阳太守。彭羕热情地向许靖推荐自己的好友秦宓。

彭羕对许靖说：“从前商高宗武丁起用傅说（yuè），周文王拜访吕尚求他出山，汉高祖刘邦，选用郦食（yì）其（jī），都是帝王发展帝业，维

系统治的缘由。现在您也应该录用一个这样的人才。”

彭羕继续喋喋不休地说：“我的同乡秦宓，信服周朝百官之首仲山甫的德行，践行名人隽不疑的直率，枕着石头睡觉，在小溪旁用流水洗漱，身穿着麻制的衣袍在山林之间吟咏。这种高风亮节，即使古代的高人隐士也比不上。”

看许靖似乎心动了，彭羕继续说：“如果您能将秦宓招到自己的帐下，必然会赢得忠正豁达的名声，建功立业，流传百世，这样岂不是很棒？”

有人曾经问秦宓："你想自比巢父、许由、**商山四皓**（秦朝末年四位隐士，东园公唐秉、夏黄公崔广、绮里季吴实、甪（lù）里先生周术），为什么又有意地宣扬自己的辞藻文采、表露自己的才能呢？"秦宓回答说："老虎生来就有斑斓的花纹，凤凰天生就有五彩的羽毛，难道是它们自己装扮的吗？都是自然天生的啊！"问话的人哑口无言。后来，秦宓被刘备的益州牧府征召为从事祭酒。

公元221年，刘备称帝，准备讨伐东吴。秦宓劝谏他说这场战争天时不当，很难取胜，不料惹怒了刘备，被投进了监狱。后来刘备惨败，证明秦宓确实是对的。

公元224年，丞相诸葛亮欣赏秦宓的才华，认为他是蜀中真正的学士，可以匡正蜀中的学习风气，迎请秦宓为益州别驾，不久又提升他为左中郎将、**长水校尉**（汉武帝设立的八校尉之一）。后来，秦宓升任大司农，管理国家财政。

读史启示

《三国志》的作者陈寿对于秦宓的评价很高，认为他是一位大师级别的文人，才华在蜀汉人才中独树一帜。也正因为秦宓的文学和素养，才会赢得彭羕的尊重和大力举荐，甚至后来诸葛亮破格将其任命为大司农。

一个人受到他人怎样的对待靠的是自己的实力和态度。秦宓自身有才华，有实力，性格品质好，这才能得到重用，一再升官。我们想要受人尊敬的话，首先，要有足够强大的实力；其次，优秀的人才也要选择能够欣赏自己的平台，才能充分展现自己的才华。

傲贤慢士

原典

何期逆贼恣（zì）逞奸雄，傲贤慢士，故特来见明公。（明罗贯中《三国演义》第六十回）

成语释义

贤：有才德的人。士：读书人和有才干的人。用傲慢的态度对待有德行有才干的人。

近义词

拒人千里　心高气傲　傲世轻才

反义词

知人善任　求贤若渴　礼遇有加

造句

如果主管拒人千里、傲贤慢士，那这个公司一定不会有长远的发展。

扫码听音频

历史故事

读史小贴士

时间：公元 211—公元 212 年

地点：许都

主要人物：张松、曹操、杨修、刘备

张松早年是益州牧刘璋的别驾。他长得十分丑陋，头顶尖额头窄，脑袋像个枣核一样，鼻孔朝上，牙齿外翻。身高不到一米五，但说起话来却如铜钟一样，震得大厅嗡嗡直响。他认为刘璋暗弱，在他手下不足以发挥自己的才能，经常叹息。

据守汉中的张鲁与刘璋不合。张鲁眼看曹操打败西凉的马超与韩遂，感觉自己的汉中也很快会被曹操盯上。张鲁想自称汉宁王，对抗曹操。他的谋士建议他，刘璋无能，可以先把西川拿下，再称王不迟。

刘璋听到消息后非常着急，但是又不知该怎么办。张松站出来说："曹操扫荡中原，击败了吕布与袁绍。听说他最近又打败了西凉的马超，可以说天下无敌。主公可以备些礼物，派我前往许都，说服曹操兴兵攻打汉中。到时候，张鲁就没有时间来算计西川了。"

刘璋听了非常高兴，就让张松收拾金银珠宝，带着西川的地图出发了。刘备得知张松出西川去见曹操，派出探子去打听情况。

张松到了许都，在驿馆住下，每天都去丞相府求见曹操。但曹操刚打败马超，正得意忘形，每天都闭门不出。张松等了三天后，给了看门的士兵一些贿赂，才顺利见到了曹操。

曹操见到张松后，傲慢地问：“你的主公刘璋为啥多年不来进贡啊？”张松答道：“路途遥远，路上还有盗贼，来一次太不容易。”曹操一听怒斥道：“哼，我已经扫平了中原，哪里还会有盗贼？”张松一本正经地说：“南有孙权，北有张鲁，西有刘备，他们有十几万的军队呢！”

曹操一开始就因张松长相丑陋，有点不高兴。现在又听到张松用言语顶撞他，袖子一甩，生气地离开了。

曹操手下的人责备张松不懂得礼节，让他趁早回西川。张松笑道：“哼！回蜀中最好，我们蜀中可没有这样胡说八道的人。”站在一旁的杨修听了，反驳道：“你们川中人不会胡言乱语，难道我们中原大国的人会吗？”说完邀请他到外院中落座。

张松嗤笑着问杨修：“曹操文不行，武也不行，你跟着他有什么用？”杨修回答道：“先生住得偏远，还不知道丞相的才能，我这就让先生一看。”说完，拿出曹操的《孟德新书》给张松看。

张松看完后问：“这是谁写的呀？”杨修回答道：“这是曹丞相研究历史和当今的局势，仿照《孙子》十三篇作的。”张松大笑道：“就这？我们蜀中小孩都能背诵，曹丞相居然说是自己写的，真是笑死人了！”说完将《孟德新书》从头至尾一个字不差地背了一遍。

杨修见识了张松过目不忘的本事，觉得他是个不可多得的人才，于是向曹操再次举荐张松。但曹操听到张松说自己的兵书蜀中小孩都能熟背就更不高兴了，便叫杨修带张松参观他校场点军。张松也不客气，直接将曹操的败绩数了出来，气得曹操当场翻脸，扬言要杀了他，吓得张松连夜逃走。

刘备听说后，趁机将张松请来拉拢他，一连挽留他饮宴三天。张松感动之余，对刘备说：“我本来想借曹操之力除掉张鲁，没想到他傲贤慢士，根本不值得托付。眼下刘璋暗弱，您可以取西川为根基，再北图汉中，收取中原，匡正汉室！”说完，还把西川的地图也交给刘备，并推荐了法正和孟达两人暗中帮助刘备。交代好这些事宜，才返回益州。

读史启示

这个故事中，曹操得胜后得意忘形，张松拜访他时又以貌取人，傲慢无礼，这是不正确的。另外，他狂妄自大、自以为是，容不得别人说自己半点不好，因此错失了张松这个人才。张松也有不对的地方，在任何时候说话都应该尊重别人，挖苦、冷嘲热讽都是不对的，我们要引以为戒。另外，曹操是因为傲贤慢士看不到人才，刘璋是因为不能让人才发挥出应有的价值而流失人才，这告诉我们，想要人尽其才，一个好的领导者至关重要。

成语接龙

傲		慢	士	士	别		日
日	新		异	异		天	开
开		布	公	公	正		明
明	月		风	风		残	云

答案：贤、三、月、想、诚、廉、清、卷

义不容辞

原典

夫显微阐幽，义不容辞。（唐岑文本《唐故特进尚书右仆射上柱国虞恭公温公碑》）

且玄德既为东吴之婿，亦义不容辞。（明罗贯中《三国演义》第五十八回）

成语释义

辞：躲避，推托。从道义上来讲不允许推辞，形容从道义上讲一定要做某件事。

近义词

当仁不让　责无旁贷　在所不辞

反义词

置身事外　袖手旁观

造句

保护环境是每个人义不容辞的责任。

扫码听音频

历史故事

读史小贴士

时间：公元 213 年
地点：江东
主要人物：曹操、刘备、孙权

曹操在赤壁之战中大败后，经过一段时间的休整，又开始了他的军事行动。公元 211 年起，他平定关中，加紧训练兵士，积极部署兵力，准备继续南下，统一中原。

公元 213 年，刘备在赤壁之战中取得胜利后，按照诸葛亮的部署，先后拿下武陵、长沙、桂阳、零陵四郡。孙权将妹妹嫁给他以巩固双方关系。不久，刘备打算一鼓作气，挥师直取西川。

曹操这边正和众将安排南征事宜，忽听有人报告说：“刘备等人在调动军队，收拾武器，看样子准备攻取西川。”曹操听了大惊道：“如果让刘备攻下了西川，那他可就羽翼丰满，不好对付了。到底该怎么办呢？”

话还没说完，旁边就有一人说道：“我有

一个法子，能让刘备和孙权没办法互相照应，还能让江东、西川都变成丞相您的。”献计的人正是陈群。

曹操点了点头，陈群继续说：“如今，刘备和孙权相互依存。刘备准备夺取西川，丞相可以派兵夺取江东。这么一来，孙权必定会向刘备求救。刘备若是不救，江东就是您的了。接下来便可以一鼓作气拿下荆州，甚至西川，平定天下指日可待。”

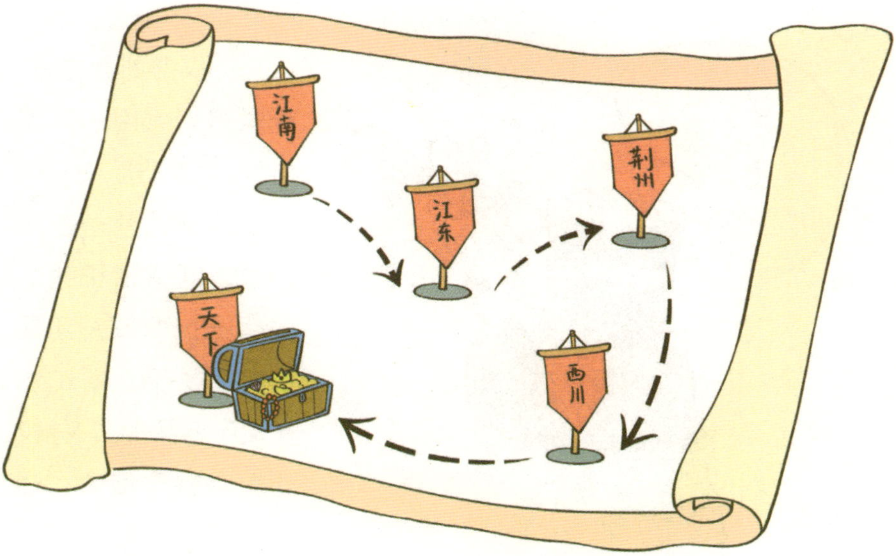

曹操听了大喜，说：“你说得正合我意！”他马上命令三十万大军启程，向着江东进发，又命令守在合肥的张辽准备好粮草，保障军队的供给。

孙权得到消息后，赶紧召集大臣们商议对策。谋士张昭说：“可以让鲁肃请刘备前来相救。刘备曾和我们一起抵抗曹操，还是东吴的女婿，帮忙也是义不容辞的。”孙权随即给鲁肃传令，让他找刘备求救。

刘备收到鲁肃的求救信后，诸葛亮却不同意他去江东救援。他得知曹操曾杀了马腾，而马腾的儿子马超正掌管着西凉的军队。诸葛亮让刘备写信给马超，请他带兵入关攻取曹操的后方长安。

凉州的马超刚得知自己的父亲和弟弟死于曹操之手，恨得咬牙切齿，正愁没有机会报仇。收到刘备的信后，正要点兵出发，士兵报告说韩遂邀请他上门议事。原来曹操早就写信给韩遂，让他生擒马超。韩遂与马腾交好，不愿意为曹操做事，索性与马超一起起兵，攻取长安。

曹操得知长安失守后，只好先放弃南征，匆匆忙忙地带兵赶去防守长安。孙权的危机也就随之化解了。

读史启示

在这个故事中，刘备在大举出兵西川之际，收到东吴的求救信。刘备与孙权曾是合作伙伴，又是东吴的女婿，无论是于情还是于理，联合东吴抗击曹操都是义不容辞的。最后，他用计帮助孙权解决了危机。

这个成语故事告诉我们，在面对自己必须负有的道德责任和应尽的道德义务时，应该主动积极地履行义务，肩负起自己的社会责任。

义不（ ）辞	辞（ ）迎新
新（ ）旧恨	恨之（ ）骨
骨肉（ ）连	连（ ）不绝
绝（ ）逢生	生龙（ ）虎
虎口余（ ）	（ ）财有道
道（ ）途说	说（ ）道四

答案：容、旧、仇、入、相、绵、处、活、生、生、听、三

廊庙之器

原典

许靖（jìng）夙有名誉，既以笃（dǔ）厚为称，又以人物为意，虽行事举动，未悉允当，蒋济以为“大较廊庙器”也。（西晋陈寿《三国志·蜀书·许靖传》）

成语释义

廊庙，指殿下屋和太庙，后来指朝廷。形容能肩负朝廷重任的人。

近义词

八斗之才

反义词

凡夫俗子

造句

他一副贼眉鼠眼的样子，一看就不是廊庙之器。

扫码听音频

历史故事

读史小贴士

时间：公元 214 年
地点：益州
主要人物：许靖、刘备

许靖是三国时期蜀汉的重臣。说起这位重臣，可能很多人不太熟悉，但他的才能与地位绝不在丞相诸葛亮之下。刘备称汉中王时，任命许靖为太傅，相当于皇帝的老师，辅佐朝政。

许靖早年和**从弟**（曾祖父相同或祖父相同，但父亲不同的平辈亲属中，年幼于自己的男性）许劭一同成名，都善于评价他人。许靖和

许劭定期点评天下英才，当时有“得许劭、许靖一言，可为太守”的传言。但两人关系并不好，许劭处处给许靖使绊子，让他无法入仕。许靖一度只能靠替人拉马磨粮来养活自己。

后来，刘翊到地方任职，知道许靖的名气很大，很敬重他，于是举荐他入仕。没多久，许靖就调到京都洛阳任**尚书郎**（东汉时取孝廉中有才能者入尚书台，在皇帝左右处理政务）。

公元156年，汉灵帝驾崩，董卓掌权，许靖选择为董卓效力。当初举荐的人反叛董卓后，许

请出逃，后来先后投奔了孔伷（zhòu）、陈祎（yī）、士燮（xiè）等人，开始了自己辗转大半个汉朝的奔跑逃亡之路。

公元195年，孙策东渡长江讨伐刘繇，人们纷纷逃往**交州（辖今中国广东省、广西省及越南北部和中部）**躲避战乱。许靖自己坐在江岸上，让随从人员乘船先走，亲属族人都出发后，他才起身随后跟去，看到的人莫不赞叹。

益州的刘璋听说许靖的才名，派来使者召许靖入蜀，并任命他为巴郡、广汉太守，许靖的生活才算是安定下来。

公元 214 年，刘备与刘璋争夺益州的战争进入尾声。许靖想要背弃刘璋，投靠刘备，不料被刘璋抓住，但没有处决他。

刘备入主益州后，本不打算任用许靖，因为他看不起许靖背主的做法。他的谋士法正劝导他说："许靖名扬天下，如果不好好待他，天下之人恐怕会说主公在轻贱贤才啊。"刘备暂且放下成见，起用了许靖。

刘备称帝后，发现许靖确实有才，任命他为**司徒**（古代官职，三国时与太尉、司空同为三公之一），官位比诸葛亮的丞相大，位列文臣之首。所以，陈寿在《三国志》中评价他为"廊庙之器"。

读史启示

在这个故事中，许靖才华横溢，擅长发现人才，更难能可贵的是，在面对危难时，他能把求生的机会优先让给别人，可谓德才兼备。

在许靖身上，我们不仅能看到他选官的才能，还看到了他为官清廉的优秀品质，这对于当时的朝廷发展确实能够有所贡献，称得上是廊庙之器。

成语接龙

廊	庙	之			宇	轩	昂
昂		挺	胸	胸		大	志
志	得		满	满	腔		火
火		三	丈	仗		欺	人

答案：器、器、首、怀、意、怒、冒、势

彩虹糖童书馆
Rainbow Candy Kids' Book House

目录

曹操
刘备
张飞
庞统
主要人物
关羽
庞德
张郃
华佗
三国

六.大意失荆州

眼看刘备拿下益州，孙权想要夺回荆州，便暗中联合曹操，趁曹操与镇守荆州的关羽激战，派吕蒙袭击荆州，导致荆州沦陷。一代战神关羽就此陨落。

断头将军

原典

卿等无状，侵夺我州，我州但有断头将军，无有降将军也。（西晋陈寿《三国志·蜀书·张飞传》）

成语释义

形容危险面前坚决抵抗、宁死不屈的将领。

近义词

宁死不屈　视死如归

反义词

贪生怕死　临阵脱逃

造句

在敌人的威胁下，烈士们个个都是断头将军，宁可选择死亡也决不投降。

扫码听音频

历史故事

读史小贴士

时间：公元 214 年
地点：江州
主要人物：严颜、张飞、刘璋

严颜是东汉末年的武将，最初在刘璋手下任职，担任巴蜀的太守，镇守**江州（今重庆市渝中区）**。

公元 212 年，刘璋面对张鲁和曹操的威胁，在张松的怂恿下，派谋士法正去荆州请刘备到益州帮助自己。严颜知道后，拍着胸口沉痛地说：“这简直就是独自坐在没有出路的深山里，把老虎放出来保护自己。”

刘备进入益州后，被刘璋推举为大司马，担任司隶校尉。刘备也推刘璋为**镇西大将军**（三国时高级将领的进封封号），担任益州牧。刘璋给刘备增派人马，督白水军，并派他攻打张鲁。刘备到了葭萌关，不但没有发兵，反而结交益州各方势力，建立属于自己的人脉。

公元 212 年，刘备秘密谋取益州的阴谋被刘璋知晓，两人反目成仇，互相开战。刘备占领涪（fú）城后，一路向益州逼近。

刘璋派手下部将刘璝、泠（líng）苞、张任、邓贤、吴懿等阻击刘备，但都被击败了。刘璋大军退守绵竹，刘璋手下的大将吴懿向刘备大

军投降。后来，刘璋增派援救绵竹的李严、费观也陆续投降了刘备。至此，刘备军队的势力更加强大。

公元 214 年，张飞、赵云沿着长江逆流而上，分别平定沿江各郡县。张飞到了江州，遇到了守将严颜。江州地势险要，易守难攻。张飞急于攻城，严颜坚持据守不出。后来，张飞找到一条通往城里的小路，乘夜偷袭江州城。虽然严颜提前埋伏，但还是被张飞活捉。

张飞呵斥严颜说："知道我大军到来，你不及早

投降，居然还有胆子前来迎战？”严颜回答说：“刘备没有理由就出兵掀起战争，侵夺我益州各郡。我们江州只有断头将军，可没有投降将军。”张飞大怒，让手下将严颜拉出去砍头，严颜面容不变说：“奸贼！砍头就砍头，你也用不着发怒！”

张飞看都这时候了，严颜依旧声音洪亮，面不改色，突然转怒为笑。他屏退手下的士兵，亲自给严颜解开绳索，把他扶坐在椅子上，并向他赔礼说：“刚才多有冒犯，请不要责怪，我就知道将军是真英雄豪杰。”之后，张飞下令释放了严颜，还把他当作客人对待。

读史启示

严颜被擒之后，等待他的是可怕的死亡。但在令人恐惧的死亡面前，他没有选择为了活下去而卑躬屈膝，而是始终坚持自己的信念，宁做断头将军，也不做投降将军。这让我们不禁想起那些英勇献身的烈士：宁死不跪的陈延年、从容走向铡刀的刘胡兰、义无反顾纵身跳下悬崖的狼牙山五壮士……他们的事迹和精神值得我们学习。在这个和平年代，或许没有需要我们献出生命的时刻，但是我们要把严颜和烈士们那种不屈的信念永远地传承下去。

成语接龙

断		将	军	军	令		山
山	清		秀	秀		慧	中
中		而	废	废	寝		食
食	言		肥	肥		大	耳

答案：头、如、水、外、道、忘、而、头

掌上观文

原典

曹操、孙权，吾视之若掌上观文，量此小县，何足介意！（明罗贯中《三国演义》第五十七回）

成语释义

原意指通过手掌的纹理了解身体状况，现在多用来形容极其容易了解和掌握的事情，亦作“掌上观纹”。

近义词

易如反掌　手到擒来　唾手可得

反义词

难如登天　步履维艰　大海捞针

造句

警察们受过各种各样的专业训练，对付一个小偷如掌上观文，没用多长时间就将嫌疑人逮捕归案了。

扫码听音频

历史故事

读史小贴士

时间：公元 214 年
地点：益州
主要人物：庞统、诸葛亮、张飞、刘备

公元 210 年，孙权批准了周瑜提出的征伐益州的战略方案，周瑜随即返回驻地江陵。但是在军队走到巴丘的时候，周瑜染了重病不幸去世。诸葛亮知道了周瑜病逝的消息，就以吊丧为名，亲自前去江东，想要看看东吴接下来的打算，顺便为刘备招揽些人才。

正当诸葛亮打算回去的时候，意外遇到了庞统。庞统本在周瑜手下任职，周瑜死后，孙权不再重用他。诸葛亮笑着把庞统请进了船里，两人聊得不亦乐乎。临别时，诸葛亮留下一封推荐信给庞统，嘱咐他说：“要是你无处可去了，就来荆州吧！”

孙权痛失周瑜，十分伤心。他看周瑜在遗书里推荐让鲁肃接替自己大都督的职位，便找来鲁肃商量这事。鲁肃直接拒绝，并极力推荐庞统。孙权见到长相粗鄙的庞统之后，对他的第一印象并不怎么样，问了几句话之后印象更差了，敷衍几句就让他退下。

公元214年，刘备出任益州牧。最终也没有得到孙权重用的庞统，郁闷之余投奔了刘备。当时诸葛亮恰巧不在刘备身边。刘备之前也听水镜先生说过庞统的大名，便把他请进屋来相见。寒暄几句之后，却没有发现他有什么过人之处，就没有重用他，而是让他去耒（lěi）阳县当个小小的县官。

庞统心里明白，刘备这是没看上自己，又不好直接拒绝，就找了个小县官打发他。庞统到了耒阳县后，也不理政事，每天只是饮酒取乐。

有人把庞统整日不理政事的情况报告了刘备。刘备很生气，让张飞带人去巡视。张飞到耒阳之后，军民官吏都出城迎接，唯独不见县令庞统。张飞便问：“县令在哪里？”有人便开始打小报告，说庞县令自从到任以来，每天只是通宵达旦地饮酒，这会儿估计还在呼呼大睡呢。

张飞大怒，想要抓来庞统问罪。同行的孙乾说：“庞统是高明之人，还是先看看情况再治罪也不晚。”于是，张飞到县衙正厅坐定，叫人找庞统来见。过了许久，衣冠不整的庞统才慢悠悠地出现，走起路来像喝醉了似的。

张飞看到庞统这个样子更生气了，大声地说：“你这段时间把政事全耽误了吧！”庞统叹了口气，说：“请将军稍微坐会儿，我这就去解决这些政事。”说完，叫人把一百多天积压的公务都拿来审断。不到半天，庞统就把一百多天的政务全部处理完了。只见他手中批判，口中发落，做出的决断没有一分一毫差错，百姓全都叩首拜伏。

庞统办完最后一桩案子后，把笔扔到地上对张飞说：“看吧，都解决了！不要说这些小事，就算是曹操、孙权，我看他们也就像是看手掌上的纹路而已！就这么巴掌大的小县，有什么大事需要过于劳神的，真是大惊小怪！”张飞顿时恭敬地说：“刚才失敬了，我这就去找大哥好好聊聊你的事情！”

刘备听了张飞的描述，震惊不已。此时恰逢诸葛亮也办完事回来，了解完事情的前因后果后，对刘备说：“庞统有大才能，让他担当个小职位，他无心理事，只好喝酒装糊涂了。”于是，刘备马上命令张飞前往耒阳县将庞统请到荆州，自此开始重用他。

读史启示

庞统虽然相貌算不上出众，但他所拥有的真才实学都是自己的财富和资本。从冷淡到尊敬，让刘备对庞统的态度发生巨大改观的原因是庞统那一身真才实学。由此我们可以获得启示：学习可以让我们更好地提升自身的价值，自己所拥有的知识都将成为财富，会让自己有更好的生活，也获得他人的尊重。

成语接龙

掌	上	观				武	双	全
全		全	意		意		风	发
发	扬		大		大	显		手
手	忙	脚				世	英	雄
雄		壮	志		志	得		满
满	面		风		风		正	茂

答案：文、文、心、气、光、身、乱、乱、心、意、春、华

三军易得 一将难求

原典

陡恁的千军易得，一将难求。（元马致远《汉宫秋》第二折）

三军易得，一将难求。张郃（hé）虽然有罪，乃魏王所深爱者也，不可便诛。（明罗贯中《三国演义》第七十回）

成语释义

征集成百上千的士兵很容易，但是找到一个好将领却很难，形容良才难得。

造句

三军易得，一将难求。学习小组在张华带领下成绩突飞猛进，得到了老师的表扬。

扫码听音频

历史故事

读史小贴士

时间：公元 215 年
地点：巴西郡
主要人物：张郃、曹洪、张飞、郭淮

张郃是三国时期曹魏的名将。黄巾起义爆发后，他参军讨伐黄巾，成为韩馥麾下的将军。韩馥出让冀州后，他率军改投袁绍。在官渡之战中，他被曹洪打败，归降了曹操。曹操高兴地说："你的到来，就好比微子投奔周武王，韩信投奔刘邦啊！"

张郃跟随曹操屡建奇功，他参与攻打邺城、征讨柳城、攻下天柱山、击溃马超……

公元 215 年，曹操西征张鲁，张郃率五千步兵在前开道，一直到阳平。当年冬天，曹操便平定了汉中。当时本是征战蜀中、一举攻城的好机会，但是朝中突发内乱，曹操只能回去平乱，留下曹洪、夏侯渊、张郃等人镇守汉中。

曹洪领兵来到汉中，命令张郃和夏侯渊各自占据一方险要，曹洪亲自去进兵对敌。当时张飞镇守巴西，马超带兵来投奔刘备，抵达下辨，正好与曹洪的大军相遇。在损失了一名将领后，马超命令属下守护好隘（ài）口，不要与魏军正面冲突。

曹洪见马超连续好几天闭寨不出，担心有诈，便领着军队撤回了南郑驻地。

张郃见此询问曹洪退兵的原因，曹洪把心里的疑虑说了出来：“我出兵前，听神算子管辂说这里会折损一员魏国大将，我有些担心，所以不敢轻易进军。”

张郃听完笑着说：“区区一个算命先生的话，您也信吗？我愿意领兵去攻打巴西郡。”曹洪说：“巴西太守张飞可不是等闲之辈，你别轻敌啊！”张郃又笑了，说：“人们都害怕张飞，可在我眼里他和小孩儿一样不足为惧，这次前去我必定抓到他！”

看曹洪还是不太愿意，张郃说自己愿意立下军令状。曹洪拿了军令状，张郃如愿出兵。但是自古骄兵必败，连张郃这样的将领也不会例外。

张郃率领三万兵马，分为三路，分别驻扎在宕渠、蒙头和荡石。张飞听说张郃攻来，命搭档雷铜在峡谷中埋伏，自己领兵出击。在两人的夹击下，张郃大败。张飞乘势追击，张郃只好退守瓦口关，并派人向曹洪求援。

曹洪怪罪张郃强行出兵，又丢了守地，不愿出兵救他。这边张飞久攻瓦口关不下，正发愁的时候，无意中发现当地百姓抓藤条爬山。他便找人带路，抄小路偷袭张郃。山路狭窄，张郃顾前不顾后，只好弃马狼狈逃走，身边仅剩十几个士兵。

张郃逃回南郑后，曹洪见他只带着十几个人回来，气得差点昏过去。他大怒道：“当初我不让你去，你可是立下军令状的。现在折损了全部兵马，还回来干什么？”说完就命令属下将他拉出去斩首。

这时，谋士郭淮上前劝道：“征集成百上千的士兵很容易，但是一个好的将领却很难得，张郃虽然有罪，但魏王十分欣赏他的才能，

恐怕不能随便诛杀。您再给他一个机会吧！”

见曹洪不反对，郭淮提出让张郃攻打葭萌关。曹洪给了张郃五千军队，张郃再次出兵，在与葭萌关守将孟达的交战中，轻松获胜。在后来的汉中之战中，张郃也吸取之前的教训，作战稳扎稳打，在主将夏侯渊被黄忠斩杀后，冷静地指挥士兵，布置营寨，稳定军心，最后受到了曹操很多次嘉奖。

读史启示

三国时期的巴西之战，让一代名将张郃几乎全军覆没，而这一战也是奠定张飞名将地位的一战。这个故事告诉我们，即使再优秀的人，面对对手时，也不能骄傲自大，否则只会品尝失败的苦果。心存敬畏，始终谦逊，方能行至高远。

“三军易得，一将难求”，这句话后还有一句曹操的名言：“非郃之罪，胜负乃兵家常事耳。”张郃打仗失利，导致巨大的损失，本来是要受到严重的惩罚的。但是因为张郃足够优秀，在曹军将领中不可替代，所以奖惩的标准也在张郃这里破了例。曹操这句话，一点儿也没有责怪张郃的意思，相反，还在为张郃开脱，这足以显示曹操对张郃的欣赏。

当然，如果张郃被杀，曹操就损失了一员难得的名将，便不会有后来街亭击败马谡的事情发生了。所以，有时我们不应该计较一时的得失，应该以更长远的眼光去考虑问题。

得陇望蜀

原典

从讨张鲁，言于魏武曰：“刘备以诈力虏刘璋，蜀人未附而远争江陵，此机不可失也。今若曜威汉中，益州震动，进兵临之，势必瓦解。因此之势，易为功力。圣人不能违时，亦不失时矣。”魏武曰：“人苦无足，既得陇右，复欲得蜀！”言竟不从。（唐房玄龄等《晋书·宣帝纪》）

成语释义

已经攻取了陇西还想攻取蜀地，形容不知满足，贪得无厌。

近义词

贪心不足　贪多务得　欲壑（hè）难填

反义词

心满意足　清心寡欲　知足常乐

造句

休假和奖金只能选其一，你不能得陇望蜀。

扫码听音频

历史故事

读史小贴士

时间：公元 215 年
地点：汉中
主要人物：曹操、张鲁、刘备

赤壁之战后，曹操回到北方休养生息；刘备趁机拿下荆州，接着入蜀攻下益州；孙权也乘势南征，逐渐控制了扬州、交州等地，与曹操隔江对峙。至此，魏、蜀、吴三家基本把地盘瓜分完毕，只剩汉中的张鲁孤零零地被包围着。

汉中位于秦岭的南麓，物产富饶、地势险固，南与西蜀相连。占据北方关中之地的曹操想要继续拿下西南广大领土，汉中是首当其冲的受兵之地。曹操是个行动派，公元 215 年，他亲率十万大军西征汉中，抵达阳平关。

早在公元 194 年，张鲁就开始占据汉中，以五斗米教教化人民，建立了政教合一的政权。他在这里经营二十多年，实力也不容小觑。但一听说曹操要来攻打，张鲁还是害怕得要命，想要直接投降曹操。

张鲁的弟弟张卫不愿意投降，率领数万人马去坚守阳平关，没想到很快就被曹操攻破了。张鲁听说后，又想去曹操那里投降。他

的谋士说：“咱们现在刚打了败仗，您去投降，曹操肯定看不起您，投降后也得不到重用，不如先退到巴中假装抵抗一下，然后再向曹操投诚。”

张鲁便率军离开**南郑**（张鲁当时在汉中的治所），并将家里的宝物藏好。曹操到达南郑后，对张鲁的行为十分赞许，又因张鲁早有归顺之意，所以派人前去慰问。张鲁带着全家谒见曹操，曹操任命他为**镇南将军**（古代重要军事官职，为四镇将军之一）。

这时，孙权以刘备已经取得益州为由，要求偿还荆州。刘备不肯，孙权便命吕蒙出兵，攻下长沙、桂阳、零陵三郡。刘备离开益州出兵反击孙权。

曹操手下的司马懿建议曹操："刘备靠骗人的方式取得了益州，蜀地人心还没有归附，他现在远行去争夺江陵，这是个千载难逢的机会。我们刚刚攻克了汉中，益州军民肯定畏惧我们，此时发动攻击，定能让刘备的势力土崩瓦解。"

曹操却说："人都是苦于不知足，我既然得到**陇地**（位于今甘肃省西部），何必还要眼望**蜀地**（今四川省中西部）呢！"

刘晔也劝说道："主公，刘备是人中豪杰，他得到蜀地的时间不长，还不能依靠蜀人。现在乘胜率兵压境，一定能取胜。诸葛亮擅长治国，关羽、张飞勇冠三军，如果稍有迟缓，待蜀地安定以后，他们据守这里的险要地形，我们就很难攻克了。现在不去攻取，以后肯定会成为我们的后患。"

曹操想了想说："将士们之前和张鲁作战，已经很疲乏了，现在应该让他

们休息休息了。”后来，蜀地逐渐安定下来，刘晔认为曹军已经失去了进攻的最佳时机，曹操便命夏侯渊和张郃等人镇守汉中，自己回邺城去了。

读史启示

曹操在得到汉中时，没有乘势攻取益州，而是借用东汉光武帝刘秀给大将岑彭的一句书信语言，并反其意而用之，表示做事不要得寸进尺，贪心不足，决定得到汉中后暂时放弃西蜀。曹操当时已经六十多岁，蜀地的险峻地形与多变的气候，加上刘备这个强劲的对手，注定了攻下益州并不是一件容易的事情。而且，曹操返回邺城不久，就被汉献帝封为魏王，相比得到这个荣耀，攻下益州就显得不那么紧迫了。这也告诉我们，每个人看问题的角度不一样，只有自己才最清楚什么是自己最想要的！

成语接龙

得		望	蜀	蜀		吠	日
日	久		长	长	吁		叹
叹	为	观			步	不	前
前		后	合	合		为	一
一	五		十	十	全		美
美	中	不			智	多	谋

答案：陇、犬、天、短、止、止、仰、二、一、十、足、足

孤掌难鸣

原典

人主之患在莫之应，故曰：一手独拍，虽疾无声。（战国韩非《韩非子·功名》）

赵云孤掌难鸣，只护得阿斗，安能移舟傍岸。（明罗贯中《三国演义》第六十一回）

成语释义

一个巴掌拍不响。形容一个人的力量弱小，不足以完成一件事。

近义词

独木难支　绠（gěng）短汲（jí）深

反义词

众志成城　聚沙成塔　一呼百应

造句

就算个人再能干，也是孤掌难鸣，必须发挥集体团结的力量。

扫码听音频

历史故事

读史小贴士

时间：公元 215 年
地点：荆州
主要人物：刘备、孙权、赵云、孙尚香、周善、张飞

赤壁之战后，刘备向孙权借了荆州的南郡。后来，刘备入蜀开辟地盘，留下关羽和赵云留守荆州。眼看刘备拿下益州，孙权不想他日渐坐大，便想要回被他占据的荆州。

有人给孙权出谋划策说，可以派兵马截住刘备要经过的关口，向荆州起兵，一举拿下故土。孙权大喜，直夸这是条好计策。

谁知这时，屏风后面突然走出来一个人，大声喝道：“谁出的主意，给我拉下去斩了，这么做岂不是想谋害我女儿性命？”众人都被吓了一跳，一看是吴国太。

孙权的妹妹孙尚香嫁给了刘备，如果孙权带兵攻打荆州，必会让刘备的妻子，也就是孙夫人陷入危险之中，吴国太当然极力反对。

吴国太愤怒地呵斥道：“我这辈子就这么一个女儿，让她嫁给了刘备。你们打来打去，我女儿的性命谁来保护？”孙权一面安抚着吴国太说：“您的教训我怎么敢违背呢？”另一面又想，这么好的机会错失了岂不可惜。

大臣张昭见孙权纠结的样子，向他建议道：“您可派一名信任的将军，只带上五百军兵潜入荆州，送一封密信给您妹妹，只说母亲病危，想要见女儿一面，让她顺便把刘备的儿子也带来，到时就可以要挟刘备用荆州来换阿斗。如果他不答应，再起兵也不晚。”

孙权大喜，派周善前去执行这个计划。周善领兵扮成商人，偷偷潜入荆州，把密信带给孙夫人。骨肉情深，孙尚香听说母亲病危之后，顿觉六神无主，没告诉关羽便带着七岁的阿斗跟着周善，匆匆忙忙地出了城，来到江边，准备登船。

周善正要命人开船，只听得岸上有人大叫：“先不要开船，等我给夫人饯行！”说话的人正是赵云。原来，赵云听到孙夫人要回江东大吃一惊，连忙带着五名骑兵追来。周善不理赵云，只是催促手下加速前进。

赵云骑着马沿江追赶了十多里，忽然看到江中有一艘渔船。他立刻跳上渔船，只带两人驾船追赶孙夫人所坐的大船。赵云躲过周善的攻击，纵身一跳，登上了大船，吴兵都惊得后退。

孙夫人怀抱阿斗，呵斥赵云：“你怎么能这么无礼！”赵云情急之下夺了阿斗，抱到船头上。想要登岸，却没有其他帮手。孙夫人喝令侍婢前去抢夺阿斗，赵云只好一手抱着阿斗，一手持剑，感觉自己真是孤掌难鸣。

在这危急关头，江上驶出十多只战船来，船上摇旗击鼓。赵云暗自叹息：“唉，这次真的中了东吴之计啊。”近了一看，船上却是张飞。周善马上提刀来迎，被张飞一剑砍倒。最后，赵云和张飞两人抱了阿斗，放了孙夫人独自回东吴去了。

虽然吴国和蜀国起兵打仗，两国由曾经的盟友变成了现在的敌人，但孙尚香的母亲对自己女儿的爱是永远不变的。孙尚香听到自己母亲病危的消息也来不及多想，一心想要去探望母亲，由此可见亲情的可贵。父母永远是这个世界上最爱我们的人，我们应该懂得感恩，懂得回馈这份深沉的爱。此外，故事里的赵云能在危急关头迅速做出反应并实施行动，才没有使吴国的奸计得逞，这种迅速的执行力也是值得我们学习的。

孤		难	鸣
兵	荒		乱
子		乌	有
	口	如	一
天		地	老
壮	志		云

鸣		收	兵
乱		贼	子
有	口	无	
一		登	天
老	当		壮
云		霞	蔚

答案：掌、金、马、臣、虚、心、心、步、荒、益、凌、蒸

步步为营

原典

渊为人轻躁，恃勇少谋。可激劝士卒，拔寨前进，步步为营，诱渊来战而擒之。（明罗贯中《三国演义》第七十一回）

成语释义

形容防守严密，行动谨慎。

近义词

谨言慎行　稳扎稳打

反义词

轻举妄动　急于求成

造句

这场考试对我们来说太重要了，我们得步步为营，小心应对，争取考个好成绩。

扫码听音频

历史故事

读史小贴士

时间：公元 218 年

地点：定军山

主要人物：黄忠、夏侯渊、张郃、刘备、曹操

三国时期，有一位勇猛的老将黄忠。他本是刘表的部下，后来转投刘备，为蜀汉的兴盛立下了汗马功劳。尤其在汉中之战中，黄忠表现出了卓越的军事才能。

话说赤壁之战后，三分天下的局面基本形成。刘备收复荆州，随后攻占益州。与此同时，曹操击败马超、韩遂，占领张鲁占据的关中郡，留下夏侯渊、徐晃等人镇守，并派张郃南下进攻巴西郡。刘备手下的法正、黄权提议攻打汉中郡来反击。

公元 218 年，年近七十高龄的黄忠主动请命，与严颜合作，从张郃手中夺回了葭萌关，攻占了天荡山。刘备趁势亲率大军出兵汉中，在葭萌关扎营，商讨如何夺下定军山，黄忠再次领命出战。曹操听闻消息，迅速起兵四十万前往督战。此前兵败的张郃，也前往定军山投奔夏侯渊。

黄忠带领人马向定军山进军。之前多次吃瘪的曹军这次学精了，尽管黄忠多次前去挑战，但守卫定军山的夏侯渊就是不出来应战。定军山地形险峻，易守难攻，黄忠也没了脾气，只好在附近安营扎寨，住了下来。

曹操得知此事，觉得不出战就是在向敌人示弱，心想：这可不行，我曹操什么时候示过弱？于是亲笔写了一封信，让夏侯渊主动出击，一要刚柔并济，二要有勇有谋，还顺便夸了夸他最近的表现。

夏侯渊脑门一热，当即告诉张郃，自己在定军山苦守这么久，终于到了立功展示的时候。他要马上出战，活捉了黄忠。

之前因为轻视黄忠而多次落败的张郃不这么觉得，他认为黄忠有谋士法正相助，这里山路险峻，还是守着打最合适。但夏侯渊管不了这么多，他让张郃守好山寨，令夏侯尚出去交战，只许输不许赢，夏侯尚领着三千人就出发了。

黄忠此时守在定军山口，正拿龟缩的夏侯渊没办法，忽然有人来报说有曹兵下山迎战了。黄忠的属下陈式请兵前往迎战。夏侯尚假装败退撤走，陈式紧紧追赶，前路突然被断，后路又被赶来的夏侯渊堵住，这下陈式被来了个瓮（wèng）中捉鳖，虏回了曹军营寨。

有败兵逃回黄忠营地，将此事报告给黄忠，黄忠急忙找法正商量。法正寻思一番，说："夏侯渊这个人为人急躁，四肢发达，头脑简单。将军可以让我们的士兵拔寨前进，步步为营，引诱夏侯渊来战，然后乘他不备偷袭他。这叫作'反客为主'。"

黄忠觉得这主意不错，便采纳了法正的意见，还下令将军中现有的钱物都赐给了将士们。一时间，全军上下斗志昂扬，士气高涨。

黄忠的军队当天启程了，全军谨慎前进，严密防备，每走一段路就设下一道营垒，然后继续向前推进。夏侯渊初战胜利，志得意满，看黄忠攻来，完全不听张郃的劝阻，命令夏侯尚带兵出击，没想到一个回合就被黄忠擒住了。夏侯渊只好用之前俘获的陈式换回了夏侯尚。接着，黄忠继续依照法正的计策，占领了定军山对面的高山。

定军山对面的山头被夺去，意味着黄忠能够时时刻刻观察到魏军的情况。夏侯渊反应过来后，越想越气，越气越觉得打过去才能扭转局面。张郃吸取前车之鉴，认为出去打就上当了，坚守定军山才是硬道理。夏侯渊觉得咽不下这口气，不肯听劝，领军围了对面的山。

夏侯渊几次叫阵，黄忠都不出战。等夏侯渊懈怠，黄忠突然冲下山，手起刀落，将夏侯渊斩于马下。手下的士兵见状四下逃命。黄忠乘胜去夺定军山，张郃慌忙迎战，最终打不过黄忠，只能逃走。

黄忠赢得定军山一战，让蜀军士气高涨，越战越勇；曹操的军心动荡，节节败退，即使后来曹操亲自率军前往汉中，也没能挽回局面。这次战争后，汉中完全落入刘备手中，成就了蜀汉王朝的新基业。

读史启示

黄忠在战局不利于自己的情况下，先是积极鼓舞将士的士气，然后细心规划，稳扎稳打。夏侯渊性情急躁，果然被诱得吃了大亏，把身家性命都赔了进去。这个成语故事告诉我们，做事要多思考，不能盲目前进。只有将步骤规划好，才能最大限度地减少失误和损失，稳步向前发展。

成语接龙

步步为（ ）	（ ）私舞弊
弊（ ）羸马	马到（ ）功
功败（ ）成	成（ ）不足
足（ ）多谋	谋臣（ ）将

答案：营、营、车、成、垂、事、智、武

偃旗息鼓

原典

翼欲闭门拒守，而云入营，更大开门，偃（yǎn）旗息鼓。公军疑云有伏兵，引去。（西晋陈寿《三国志·蜀书·赵云传》裴松之注引）

成语释义

偃：仰卧，引申为倒下，放倒。息：停止。放倒旗子，停止击鼓，做出不准备战斗的假象。现多形容双方停止斗争或无声无息地停止活动。

近义词

偃旗卧鼓　销声匿迹　鸣金收兵

反义词

大张旗鼓　金鼓齐鸣　重整旗鼓

造句

这场辩论已经持续三个小时了，双方丝毫没有认输的意思，不知道什么时候才会偃旗息鼓。

扫码听音频

历史故事

读史小贴士

时间：公元 219 年

地点：汉水

主要人物：黄忠、张著、赵云、张部、曹操

公元 219 年，刘备手下老将黄忠大败曹军，取了曹将夏侯渊的性命，夺取了战略要地定军山。

曹将张部退守阳平关。曹操听说后非常恼火，准备亲自率领二十万大军反击，还命令张部把粮草转移到汉水旁的北山脚下，准备与刘备决战。

黄忠、张著两人经商议后，决定趁夜劫曹操军队的粮草。临行前赵云和他们约定了返回时间，如果超过约定时间还没回来就带兵

去接应。黄忠放火被张郃拦截，张著半路遇上赶来的曹操大军，被领头的文聘围住。赵云没有等到两人，率领十几人骑马前去接应，不想却与亲自带大军接应张郃的曹操相遇。尽管双方兵力悬殊，赵云依然奋力杀出重围，退回自己的营寨。这可把曹操气坏了！

赵云的副将张翼见后面曹军来势汹汹，便要关闭寨门拒守。赵云却下令大开寨门，放倒飘扬的旗子，命令士兵停止击鼓，准备放曹军进来。与此同时，赵云又命令弓箭手秘密埋伏在寨子内外，自己单枪匹马站在门口等候敌人。

曹操率领大军追到寨门口，看到这样的情景心生疑惑。生性多疑的曹操心想，寨门大开，必有伏兵，要是这么贸然领军进去，中了敌军埋伏就糟了，于是便下令撤退。

就在曹操掉头后退的时候，赵云身后军营里金鼓齐鸣，杀声震天，埋伏好的弓箭手纷纷射出手中的箭，一时间飞箭如密集的雨点向曹军飞去。

曹军惊慌失措，在慌乱中逃命，士兵们互相践踏，死伤无数。此时的赵云趁势夺了曹军的粮草，伤了曹军大批兵马，最后高高兴兴地回营去了。

在这个故事中，因为赵云对曹操有足够的了解，他知道生性多疑的曹操看到敌人寨门大开、偃旗息鼓的景象，一定不敢盲目发起进攻。所以，聪明的赵云提前让弓箭手埋伏好，才战胜了强大的曹军。

我们在生活中遇到挑战时，一定要像赵云一样沉着冷静，熟悉对手的特点，所谓知己知彼，百战不殆。

成语接龙

偃	旗		鼓	鼓		人	心
心		口	快	快	马		鞭
鞭	长		及	及		之	年
年		有	余	余	音		梁
梁	上	君			虚	乌	有
有	口		言	言		计	从

答案：息、舞、直、加、莫、笄、年、绕、子、子、难、听

箭不虚发

原典

弓不虚发，应声而倒。(汉司马相如《上林赋》)

德被甲执弓，箭不虚发。(西晋陈寿《三国志·魏书·庞德传》)

成语释义

虚:空。指箭没有不射中的，形容箭术高超，百发百中。也作“箭无空发”“弓不虚发”。

近义词

箭无虚发　百发百中

反义词

无的放矢

造句

黄忠是一名勇猛无畏的大将军，他是三国时期的神射手，箭不虚发。

扫码听音频

历史故事

读史小贴士

时间：公元 218 年
地点：樊城
主要人物：庞德、关羽

庞德是东汉末年的名将。他原本是马腾的部下，后来马腾被曹操征为**卫尉**（汉代统率卫士、守卫宫禁的武官），庞德便跟随了马腾的儿子马超。马超兵败后，庞德随马超一起投靠据守汉中的张鲁。再后来，马超归降刘备，庞德却仍留在张鲁的营中。曹操平定汉中后，庞德归降了曹操。

公元218年，宛城守将侯音、卫开带领城内的百姓和官员举事（发动武装起义），准备联合关羽里应外合推翻曹魏势力。庞德率领部下与曹仁共同夺回了宛城，将侯音、卫开二人斩杀后，往南行进，驻扎在樊城，准备讨伐关羽。

樊城的各个将领都知道庞德的哥哥庞柔在刘备手下任职，对庞德颇有猜疑。于是，庞德开诚布公地说："我身受丞相大恩，就是死也要报效丞相。我一定亲自击杀关羽。"后来庞德与关羽交战，庞德引箭射中了关羽。因为庞德常乘白马作战，关羽军都叫他"白马将军"，看到他时觉得非常可怕。

到了八月，大雨连下了十几天，汉江的水位上涨了许多，百姓也都因为这场暴雨损失惨重。由于樊城建在平地上，地势很低，连绵不绝的大暴雨在城里形成了很深的积水，庞德和诸位将士只好纷纷到堤坝上躲水。

关羽趁机乘船攻击庞德的军队，用大船从四面包围了他们，并朝堤上射箭。庞德身披铠甲，手持弓箭进行反击，射出去的箭没有一支射空。战斗从清晨一直持续到下午，关羽军队的攻击越来越猛烈，等到箭用完了，就一点点靠近，试图面对面地和庞德的军队对战。

眼看败局无法挽回，庞德同部下做了一个简易的小船想回到曹仁营中。但因为雨大水深，船被打翻了，庞德意外落水，最终被关羽军俘获。

被俘的庞德抵死站立，绝不下跪。关羽对他说：“你哥哥在汉中，我们想任用你，让你当将军，为什么不归降我们呢？”庞德听了大骂关羽说：“什么叫投降？魏王率领雄兵百万，威震天下。刘备不过是个庸才，还妄想和魏王抗衡。哼，我宁肯做国家的鬼，也不当贼人的将。”最后，庞德被斩。

读史启示

在《三国演义》的故事中，庞德不光武艺高强，还是马超的智囊。我们看庞德的生平就会发现，他一生勇敢且忠诚。在加入曹操的阵营之后，即使面对强大的关羽也没有胆怯。在危难关头也没有向敌人投降，即便获胜的概率渺茫还是拼死抗争。他这种不向现实低头的精神值得我们学习。无论敌人多么强大，我们都要有坚持到底的勇气。

成语接龙

箭	不		发	发		光	大
大		人	心	心	口		一
一	步		天	天		一	方
方		大	乱	乱	人		目

答案：虚、扬、快、不、登、各、寸、耳

刮骨疗毒

原典

矢镞（zú）有毒，毒入于骨，当破臂作创，刮骨去毒，然后此患乃除耳。（西晋陈寿《三国志·蜀书·关羽传》）

关云长刮骨疗毒，吕子明白衣渡江。（明罗贯中《三国演义》第七十五回）

成语释义

用刀刮除深入骨头的毒液，达到治疗目的。用来比喻彻底治疗，从根本上解决问题。

近义词

刮骨去毒

反义词

讳疾忌医

造句

打个针而已，又不是像关羽那样刮骨疗毒，你怕什么？

历史故事

读史小贴士

时间：公元 219 年
地点：樊城
主要人物：关羽、华佗、庞德

公元 219 年，留守荆州的关羽奉命率三万大军进攻樊城。樊城是曹军的军事重地，所以曹操派了很多名将守卫。驻守樊城的曹仁听说关羽来攻，率军在樊城的前站襄阳阻击，不料被关羽打得落花流水，只好向曹操求援。

曹操派于禁和庞德赶往樊城救援。当时大雨连绵，江水暴涨，于禁和庞德的大军被大水所淹。关羽趁机猛攻，生擒于禁，斩杀庞德。大胜后的关羽志得意满，亲自率军攻打樊城。曹仁命令弓箭手一齐放箭，关羽被流箭射中了右臂。

关羽被关平救回营寨，拔出箭头才发现箭头有毒，毒已入骨。关羽的部下劝他回荆州养伤，关羽不听，很快又进入战场。众人只好四处为关羽访寻名医，可还是不能缓解关羽的症状。

一天，关羽军中来了一个自称华佗的医生，他听说关羽中了毒箭，特来医治。华佗是一代神医，他看过关羽的箭伤后，摇着头说：“您这手臂再不治，恐怕是要废了！但要根治，得把您的手臂牢牢固定住，然后把皮肉割开至见骨，刮去骨头上的毒，再敷上药，用线缝合。只是……这法子我怕您吃不消啊。”

关羽没有丝毫犹豫，当即脱了半边上衣，让华佗帮他刮骨。华佗取出一把尖刀，把关羽的伤口割开。一时间，鲜血从伤口流出，已能看见骨头。华佗用尖刀在关羽伤口处的骨头上来回刮以清除毒素，刮骨声清晰入耳。

关羽接受治疗之前正在和几个将士吃饭。华佗为他疗伤时，关羽仍面不改色，继续吃喝。在场的将士见到这情境，吓得脸色苍白，唯独关羽跟没事人似的，谈笑自若。很快，华佗把毒刮尽，并把伤口处理好。

关羽大笑着站起来，发现自己的手臂已经可以自由活动了。华佗说："我从没有见过像您这样的人，您真是神人呀！不过，您胳膊上的毒虽去了，但是还需要保养，尤其不能生气。一百天之后，就可以痊愈了。"说罢，不顾关羽的感谢和挽留，只留了药帖，便告辞离开了。

读史启示

关羽在没有麻醉药的情况下刮骨疗毒，不惧疼痛，体现出了他非比寻常的气概以及超越常人的意志力与忍耐力。一个人拥有坚强的意志，才能拥有伟大的人生。关羽忍受痛苦，让华佗帮忙刮去毒素，才让伤口彻底痊愈，这也告诉我们，遇到问题要从本质入手，才能从根本上解决。

成语接龙

刮骨□毒　　毒蛇□兽

兽□鸟散　　散□游勇

勇往□前　　前所□有

有□有谋　　谋□后战

答案：疗、猛、聚、兵、直、未、勇、定

大意失荆州

原典

源自明罗贯中《三国演义》第七十六回内容。

成语释义

指三国时孙权派吕蒙趁机偷袭，导致关羽失去荆州三郡的故事。后形容因为粗心大意或者骄傲轻敌造成一定的损失，或直接导致事情失败。

近义词

粗心大意　骄兵必败

反义词

谨小慎微　一丝不苟

造句

事情到了最紧要的关头，需要每个人小心谨慎，切不可大意失荆州。

扫码听音频

历史故事

读史小贴士

时间：公元 219 年

地点：荆州

主要人物：关羽、刘备、曹操、孙权、吕蒙、陆逊

东汉时期，全国分为九州，其中荆州下辖七郡，分别是南阳郡、南郡、江夏郡、桂阳郡、武陵郡、零陵郡和长沙郡，地理位置非常重要，一直是兵家必争的地方。

赤壁之战后，荆州七郡被刘备、曹操、孙权三家瓜分，刘备从孙权手里借了南郡。

后来，刘备进入四川夺取益州，将长沙郡和桂阳郡还给孙权，留关羽一人守着荆州剩余三郡。刘备一路进取，拿下益州后，又击败曹操，夺了汉中，一时间风头无两。曹操失了汉中，气急败坏，准备全力攻打刘备，并联合孙权一起抗刘。孙权本来就想夺回荆州剩余三郡，但关羽防守太过严密，一直无从下手。这下，两人一拍即合。

曹操命樊城的守将曹仁进攻荆州，刘备知道消息后命关羽攻打樊城反击。很快，关羽就攻下了襄阳，逼近了樊城。这时，关羽的部将提醒关羽说，要提防孙权趁机夺取荆州，现在荆州的守将恐怕不能胜任。关羽虽然打仗勇猛，但性格骄傲自大，并没有听取部将的意见。

正在关羽与曹军相持不下的时候，连着下了几天的大雨，河水暴涨，关羽便想出了水淹七军的计策。结果，曹操派来增援樊城的于禁、庞德所率领的大军，不是被淹死，就是被劝降，关羽大获全胜。

曹操为解樊城之围，想出了一个一箭双雕的主意。他写信给孙权，告诉孙权现在荆州空虚，是攻占那里的绝好时机。曹操暗想，关羽得知有人攻打荆州，必定会把军队调离樊城，那么樊城的危机自然就能解除。

孙权当时正愁怎么收回荆州，收到曹操的信非常高兴，派大将吕蒙出兵前往。吕蒙回到陆口，却得知荆州防守严密，并不好取。他一时无计可施，只好对外称病。

吕蒙手下有个年轻的将领叫陆逊，他看吕蒙为攻打荆州而发愁，便对他说：“将军，我有一计。听说关羽这个人仗着自己打仗厉害，谁都不放在眼里。他所警惕的就只有将军。您可以故意装病，把守陆口的任务交给我，我去写信对关羽大大赞美一番，这样他肯定会骄傲起来放松警惕，把荆州的兵力都调去攻打樊城，我们就能轻松将荆州一举拿下了！”吕蒙听完拍手称好。

陆逊回去将此计告诉了孙权，孙权便任命陆逊为偏将军、右都督，代吕蒙守陆口。陆逊立刻启程去了陆口，还给关羽送去了很多礼物和一封信。信中，陆逊语气十分谦卑，称自己刚刚上任，希望关羽能多多照顾自己。

关羽看了信笑道：“哈哈哈，这孙权也是傻，居然让这个读书人来当将军。”过后便认为陆逊不足为惧，将荆州的兵力大都调去樊城。孙权得知关羽中计，任吕蒙为大都督，起兵攻打荆州。

吕蒙将战船伪装成商船，让精兵穿着便服装扮成商人，骗过烽火台的守兵，渡河进入樊城边界。接着买通了一个荆州的士兵在城内接应。夜晚，吕蒙乘船骗开了城门，藏在船里的精兵杀上岸来，顺利夺取了荆州。

曹操知道荆州被占，命徐晃拦截关羽，自己亲率三路军马救援樊城。此时，关羽得知荆州失守，一边愤怒地派人去质问吕蒙为何违背与蜀汉的盟约，一边匆忙赶往荆州。吕蒙趁机让送信的蜀兵在军中散布荆州被占的消息。关羽军心涣散，最后败走麦城，被吕蒙部将所杀。

读史启示

荆州，是刘备戎马半生，才在诸葛亮的谋划下辛苦得来的战略要地。关羽，一生重义气，胆艺超群，他温酒斩华雄、诛颜良斩文丑、过五关斩六将、单刀赴会……是不折不扣的英雄！所以，当刘备要去西南开疆扩土时，就把守荆州这个重要的任务交给了关羽。诸葛亮临行前再三嘱咐他要“结孙抗曹”。

然而，那个时代不缺英雄，缺的是谋略。大意失荆州，说明了关羽孤傲的一面。性格决定命运，如果他能更谨慎小心，严格执行诸葛亮的号令，也不至于落个兵败被杀的结局。另外，关羽也缺乏大局观，在攻樊城时，轻率地从荆州调军，忽略了荆州的重要性。他自大、轻敌，想当然地认为对手不如自己，这才让陆逊和吕蒙有了可乘之机。

我们应当从这个故事中吸取教训，以严谨的态度对待所有的事情，不能粗心大意，也不能自以为是。

成语接龙

学 □ 五车　　车水 □ 龙

龙马 □ 神　　神 □ 广大

大 □ 失荆州

答案：富、马、精、通、意

孔子后人
护驾有功

彩虹糖童书馆
Rainbow Candy Kids' Book House

爆笑三国成语

7 夷陵之战

郭珮涵 ◎ 编著

航空工业出版社
北京

内容提要

本书从夷陵之战期间发生的历史故事中精选 10 个成语，说明成语的典故出处，解释成语的意义，罗列成语的近、反义词，运用成语造句，用风趣浅显的语言讲述成语的背景故事，揭示成语故事对孩子的启发意义，让孩子们学会成语的同时了解三国时期的历史。

图书在版编目（CIP）数据

爆笑三国成语．夷陵之战 / 郭珮涵编著．-- 北京 ：航空工业出版社，2022.11

ISBN 978-7-5165-3176-1

Ⅰ．①爆… Ⅱ．①郭… Ⅲ．①汉语－成语－青少年读物 Ⅳ．① H136.31-49

中国版本图书馆 CIP 数据核字 (2022) 第 192834 号

爆笑三国成语 • 夷陵之战
Baoxiao Sanguo Chengyu.Yiling Zhi Zhan

航空工业出版社出版发行
（北京市朝阳区京顺路 5 号曙光大厦 C 座四层　100028）
发行部电话：010-85672688　010-85672689

唐山楠萍印务有限公司印刷　全国各地新华书店经售
2022 年 11 月第 1 版　2022 年 11 月第 1 次印刷
开本：710×1000　1/16　字数：41 千字
印张：4.75　定价：218.00 元（全 8 册）

目录

主要人物
刘备
曹操
诸葛亮
曹植
吕蒙
陆逊
孟获
杨修
三国

七. 夷陵之战

刘备为夺回荆州并给关羽报仇，亲率大军攻打东吴。两军从对抗到相持，蜀汉军队士气逐渐低落，东吴大将陆逊趁机发起反攻，火烧汉营七百里，刘备败走白帝城。

户枢不朽

原典

动摇则谷气得消，血脉流通，病不得生，譬犹户枢不朽是也。（西晋陈寿《三国志·魏书·方技传》）

成语释义

户枢：门的转轴。朽：腐朽，腐烂。经常转动的门轴就不会腐朽坏掉，比喻经常运动使用的东西不容易受到侵蚀。

近义词

户枢不蠹（dù） 户枢不蝼（lóu）

反义词

不进则退 久疏战阵

造句

要不断接受新的挑战提升自己，这样才能够保持进取，时刻充满斗志，这就是户枢不朽的道理。

扫码听音频

历史故事

读史小贴士

时间：不详
地点：不详
主要人物：华佗、吴普

华佗是东汉末年著名的医生。他少时曾在外游学，潜心钻研医术，四处行医。华佗一生救人无数，有非常好的名声。华佗在医学上有多方面的成就，他精通内、外、妇、儿、针灸各科，尤其擅长外科治疗。

一天，有两个人同时来就诊，这两人的症状相同，都是头痛发烧。华佗却说：“一个人应该把病邪泻下来，一个人应当发汗驱病。”围观的人都奇怪得很，为什么两个人的症状相同，治疗方法却不同呢？

华佗胸有成竹地回答道：“他们两人，一人是外症，一人是内里出了问题，所以治疗他们也应当用不同的方法。”说完，华佗马上给两人服了药。第二天一早，两人的病果然都缓解了。

广陵县的吴普慕名追随华佗学医，跟随华佗学习了几十年。华佗教导吴普说：“人都需要劳动，但不能过度。身体通过劳动才能把食物中的养分消化掉，血脉才会流通，这样就不会生病。就好像门总是开启关闭，门轴才不会腐朽。”

后来，华佗将自创的养生方法——五禽戏，传给了吴普。这套操模仿虎、鹿、熊、猿、鸟的动作，照着这些动作做可以去除疾病，并使身体敏捷。如果身体感到不舒服，做一次全身就会出汗，身体就会轻便，食欲也会因此大增。

三国健身达人吴普／国医圣手华佗亲传弟子

吴普按照这个方法坚持锻炼，到了九十多岁的时候还耳聪目明，牙齿完整坚固。他深得华佗医术的真传，一生在医学上苦下功夫，研究本草生长、采集、加工以及药性、药理，并撰写了著名的《吴氏本草》流传后世。

读史启示

早在东汉末年，华佗就注意到了运动的重要性。人经常运动、经常活动筋骨，才能拥有健康的体魄。就像门要总是开开关关，才能保证门轴不腐朽，不然稍微一动就会吱吱呀呀。现在我们生活的条件更好了，但绝不能沉迷于游戏而忽视了外出锻炼身体。只有经常运动才能保持身体活力，才能为健康成长奠定基础。

成语接龙

户□不朽　　朽木□雕

雕□小技　　技□如人

人山□海　　海纳□川

川□不息　　息□相关

关怀□至　　至高□上

上□若水　　水□火热

答案：枢、难、虫、不、人、百、流、息、备、无、善、深

味如鸡肋

原典

修曰："夫鸡肋，弃之如可惜，食之无所得，以比汉中，知王欲还也。"（西晋陈寿《三国志·魏书·武帝纪》裴松之注引）

成语释义

指像鸡的肋骨一样，吃起来没有肉，扔了又可惜。多形容东西没有多大意义而又舍不得舍弃，事情不做可惜，做起来又没有多大好处。

近义词

食之无味　如嚼鸡肋

反义词

其味无穷　大有裨益　大有可观

造句

这份工作真是味如鸡肋，不如早些辞职，做些更有意义的事情。

扫码听音频

历史故事

读史小贴士

时间：公元 219 年
地点：汉中
主要人物：曹操、杨修、刘备、夏侯惇

公元 214 年，在刘备破刘璋、攻克**成都**（东汉末年益州的治所）后不久，曹操也攻占了汉中。汉中与益州离得很近，可以说是相互依存。如果刘备不夺回汉中，那么益州的安全就时刻要受到曹军的威胁。

公元 217 年，刘备决定在阳平关一带驻兵，与曹军守将夏侯渊争夺汉中。两军相持一年多，双方都有赢有输。

公元219年，刘备听从谋士法正的谋划，率军强渡沔（miǎn）水，占据了有利的地形，经过激战，终于杀死了夏侯渊，拿下了汉中。

夏侯渊被杀、汉中失守的消息传出，曹操听了大为震怒，立即率领大军前往汉中。但他赶到汉中城外时，发现那里所有的有利地形几乎都已被刘备手下的将领抢占。失去了有利地形，曹军取得胜利的可能性大大降低。双方相持了几个月，曹军的处境越来越不妙。这时的曹操想攻汉中又攻不下，想撤军又不忍心，很是纠结。

一天晚上，曹操正在用饭，发现有一道菜是鸡肋骨做的汤。他注

视了这碗汤很久，若有所思。正好这时他的亲信夏侯惇来请示当夜应如何安排，曹操没有深思，随口说了“鸡肋”二字。夏侯惇听了感觉有些奇怪，但又觉得曹操这么说一定有他的道理，便也不再询问。

夏侯惇照原话传达下去，没有做过多的解释。众位将士听到“鸡肋”的命令都一头雾水。

而此时，处理军中事务的**主簿**（古代各级主官属下掌管文书的佐吏）杨修听到这个命令，便马上收拾行装。大家见他这样，很是不解。杨修说：“你们都知道，鸡肋这东西，扔了它可惜，但吃起来又没有什么肉。以它来比喻汉中，不攻下来可惜，但攻起来又不那么容易。所以魏王的这个命令就是打算退军的意思。”

将士们听了杨修的解释，半信半疑。谁知第二天曹操果然下令撤军回师，大家这才相信了杨修的话。

读史启示

对于没有占据有利地形的曹操来说，汉中就像没有肉又舍不得扔的鸡肋一样，最终只能选择放弃。

很多情况下，我们也会面临这样两难的抉择。此时，我们要知道，一味地坚持并不一定是对的，当目标难以实现时，要及时认清现实，追求更加可行的目标。这不是退缩，而是在做出更加理智的抉择。

成语接龙

口是□非　非□小可

可□可无　无所□事

事出有□　□噎废食

食□知味　味如鸡□

答案：心、同、有、事、因、因、髓、肋

七步成诗

原典

文帝尝令东阿王七步中作诗，不成者行大法。应声便为诗曰：“煮豆持作羹（gēng），漉（lù）菽（shū）以为汁。萁（qí）在釜（fǔ）下燃，豆在釜中泣。本自同根生，相煎何太急！”帝深有惭色。（南朝宋刘义庆《世说新语·文学》）

成语释义

指曹植七步内就完成一首诗，形容人才思敏捷。

近义词

七步之才　出口成章　文思泉涌

反义词

才疏学浅　江郎才尽　搜肠刮肚

造句

王洋又一次在作文比赛上拿了奖，老师们夸她有七步成诗的才气。

扫码听音频

历史故事

读史小贴士

时间：约公元 220 年
地点：洛阳
主要人物：曹丕、曹植

曹操的儿子曹植从小就非常聪明，十岁多点就能诵读《诗经》《论语》和历代辞赋、诸子典籍。不仅如此，他才思敏捷，每次被曹操提问都能出口成章。曹操曾经看了曹植的文章，大为惊喜，便问他："这不会是你请人代写的吧？"曹植信心满满地答道："不信的话，您当面考考我不就知道了吗？"

当时，曹操的铜雀台新落成，他带领儿子们登台赋诗。曹植提笔即成《铜雀台赋》一文，曹操看后非常高兴，其后封他为平原侯。

几次考察下来，曹操非常满意，好几次想要打破“立长不立幼”的传统，封曹植做**世子**（古代诸侯王嗣子的称号，可继承王位）。然而这也只是想想而已，因为曹植虽然性情坦率，却时常任性，不注意约束自己，还是个名副其实的酒鬼，经常因喝酒而耽误事。曹操的嫡长子曹丕不光文武双全，博览经传，还善于察言观色，运用计谋，在朝堂上笼络人心，最终在一些大臣的帮助下被立为魏王世子。

后来，曹操去世，曹丕继位并受

禅称帝。他一边致力于完成曹操平定天下的遗愿，一边又害怕几个弟弟和他争夺帝位，尤其是才智过人的曹植。于是，便想尽办法刁难他们。

有一次，因为一件小事，曹丕趁机向曹植发难，命令他在大殿上七步之内以“兄弟”为主题作诗一首，但又不能含有“兄弟”二字。成则罢了，不成便要判曹植死刑。

曹植当然知道哥哥是在故意刁难自己，但如今他是皇帝，自己也不能违抗命令，只能答应下来。曹植开始在大殿上踱步，边走边吟：“煮豆持作羹，漉菽以为汁。萁在釜下燃，豆在釜中泣。本自同根生，相煎何太急！”

曹植用同根而生的豆萁和豆子来比喻同父共母的兄弟二人，用豆萁燃烧煮豆来比喻哥哥对自己的残害。曹丕听了诗深感惭愧，最终没能对弟弟下得了手，只是把他贬为安乡侯。就这样，曹植以其超群的文才，不仅逃过一劫，还留下了这首为后人称道的《七步诗》。

曹植借诗表达对哥哥残害手足的无奈与气愤，曹丕听了弟弟的诗也认识到了错误，受到了良心的谴责。曹植的七步诗，在久远的历史长河中，已经成了为争夺权力、地位、财产而兄弟反目的写照。这个故事告诉我们，一家人就像同根而生的萁和豆，应该相亲相爱，共同成长。我们对待家人应当真诚、善良，要和父母、兄弟姐妹互相扶持，不能做出像曹丕那样残害手足的事情，否则就会两败俱伤。

成语接龙

七	步		诗	诗	礼		家
家	喻		晓	晓		大	义
义	薄		天	天	长	日	
	负	盛	名	名	垂		史
史	无		例	例		公	事
事	倍	功			斤	八	两

答案：成、传、户、以、云、久、久、青、前、行、半、半

普天同庆

原典

今溥（普）天同庆而卿最留迟，何也？（西晋陈寿《三国志·魏书·郭淮传》）

成语释义

天下的人或全国的人一同庆祝。

近义词

额手称庆　拍手称快　举国欢庆

反义词

哀鸿遍野　怨声载道

造句

记得北京申奥成功那一天，全国欢腾，普天同庆。

扫码听音频

历史故事

读史小贴士

时间：公元 220 年
地点：洛阳
主要人物：郭淮、曹丕、刘备

郭淮是三国时期魏国的名将，他曾对抗蜀汉三十余年，是诸葛亮的资深死对头。

郭淮出身门阀士族，军事能力和谋略都比较出众，年纪轻轻就被曹丕召到手下做事。后来，曹操把郭淮从曹丕那儿抢过来，作为自己的参谋团成员之一。赤壁之战后，曹操转而进攻张鲁占据的汉中，后因朝中发生叛乱，于是留下夏侯渊、张郃、徐晃等人镇守汉中，新手郭淮也被留下，担任夏侯渊的**司马**（相当于高级幕僚）。

公元 218 年，刘备在谋士法正和黄权的建议下，率军进攻汉中。战争初期，刘备军队失利。后来，老将黄忠率军攻打定军山，杀死了大将夏侯渊，反转了局面。

曹军吃了败仗，一时间军心涣散。郭淮聚集残军，将他们整合起来，激励道："虽然夏侯将军死了，但是我们还有张郃将军。张将军也是我们魏国的名将，刘备最怕的就是他！虽然现在情况紧急，但张将军一定能带领我们取得胜利！"

张郃成为曹军主帅的第二天，刘备准备渡过汉水来进攻。曹军将士都认为敌众我寡，肯定打不过势头正盛的刘军，于是提议依靠汉水，列阵来抵抗。

郭淮否决了这个提议，说："我们这样做根本就是示敌以弱，恐怕无法抵挡刘备军队的进攻。不如等敌人渡河到一半的时候再出击，这样一定可以打败刘备。"刘备见到了曹军的阵势，隔着汉水与曹军相持观望再三，有些犹豫，最终不敢渡河，曹军得以坚守成功。

曹丕继任魏王后，赐予了老部下郭淮关内侯、镇西长史的职位，辅佐西部战区的统帅。不久，郭淮又协助张郃平定了**卢水胡**（汉代至南北朝时期活跃于中国西北的少数民族）的叛乱。后来，曹丕称帝，郭淮进京祝贺，谁知道路上突然生病耽搁了行程，赶到时宴会已经开始了。

曹丕宴请众臣，看到郭淮迟到很不高兴，想借机敲打他一番，便责备他说："从前大禹在**涂山**（古地名，位于今山东省曹县南部）大会诸侯，其中的一个诸侯**防风氏**（中国上古时期神话传说中人物）就因为来晚了，被大禹杀了。现在是普天同庆的好日子，你为什么这么晚才到？"

曹丕当着群臣的面这么问，郭淮可谓生死悬于一线。没想到郭淮不慌不忙地回答道："我听说，上古的**五帝**（按《史记》说法指黄帝、颛顼、帝喾、尧、舜）都用品德来教导老百姓，夏朝直到末期才开始用刑罚。我生在尧舜一般的盛世，所以根本不担心会有防风氏那样的遭遇。"

郭淮的回答，把曹丕比作尧舜一样贤明的君王，让曹丕听了很受用，不仅没有惩罚他，还按他的战绩给他升了官职，让他担任雍州刺史，并封他为射阳亭侯。

读史启示

在古代的君臣关系中，帝王的一句话往往能决定一个臣子的生死。在这个历史故事中，郭淮面对魏文帝曹丕的刁难，善打心理战。他以退为进，不为自己的迟到做任何的辩解，也没有居功自傲，而是机智应变，化解了危机。这也告诉我们，在遇到难事的时候，不要着急，静下心来，兴许就会想出解决的办法。

成语接龙

普	天		庆	庆		不	行
行		仗	义	义	薄		天
天	壤	之			开	生	面
面	无		色	色	彩		目

答案：同、吊、侠、云、别、别、血、夺

集思广益

原典

夫参署者，集众思广忠益也。（西晋陈寿《三国志·蜀书·董和传》）

成语释义

集中群体的智慧，广泛征求有益的想法，以此达到更好的效果。

近义词

群策群力　广开言路　博采众长

反义词

一意孤行　闭门造车　固执己见

造句

遇到问题不要自己埋头苦想，应当集思广益，这样才能找到最好的解决方案，快速解决问题。

扫码听音频

历史故事

读史小贴士

时间：公元 220 年

地点：益州

主要人物：董和、诸葛亮

董和是东汉末年蜀汉官员，生活朴素节约，为官正直清廉，深受百姓的爱戴。

最初，董和在刘璋手下为官。当时蜀地奢侈之风盛行，他觉得这种风气不好，便倡导民众节俭，自己以身作则，经常穿着粗布麻衣，吃素食，还为此制定了专门的规章制度，当地的民风逐渐得到了转变。

公元 214 年，刘备平定蜀地后，任命董和担任掌军中郎将，和军师诸葛亮一同主管左将军大司马府中的事宜。在这期间，董和在

治理国家的大小事务上出谋划策，给了诸葛亮很大的帮助，也因此和诸葛亮结下了深厚的交情。

自从董和任职以来，对外处理和边疆少数民族相关的事务，和少数民族维持友好关系；对内参与国家大事，为诸葛亮排忧解难。他做官二十多年，临终时家里竟然连一石（dàn）粮食的财产都没有，可见他是多么清贫。

公元 220 年，诸葛亮担任蜀国丞相。他告诫群臣说：“处理国家政事时应该集思广益，如果对很小的事情斤斤计较，大家就会难以互相沟通，时间久了，必然会造成损失。董和在朝中当了七年官，在遇到问题的时候总能开诚布公地提出来，一直保持知无不言的态度。如果大家能像董和那样殷勤恳切，那我的过错就会少很多了。”

诸葛亮接着说：“过去我和好友崔钧相处时，经常听到他对我的得失做出评论；后来跟徐庶交往，总是受到他话语的启发教诲；跟董和共同处理政事，他总是把事情说得明明白白；后来与胡伟度共事，

经常听到他良好的建议。我虽然不能完全采纳他们的意见，但始终能和这四个人保持友好相处，这也证明了有话直说的好处。”

为了鼓励文臣武将参与政事，集思广益，诸葛亮可谓费尽了心思。他还写了一份文告，号召大家积极发表政见，齐心协力把国家治理好。这份文告就是有名的《教与军师长史参军椽（chuán）属》。

读史启示

在这个故事中，我们看到了诸葛亮恳切地希望下属提出不同的意见，看到他对待工作认真诚恳的态度，这是值得学习和借鉴的。

我们在这个社会中，会和无数人产生各种各样的关系，有亲子关系、师生关系、同学关系等。与人交往就避免不了要相互沟通。沟通是人与人认识和相处的桥梁，我们在与人沟通时，要真诚地说出内心的想法，不遮掩逃避、不绕弯子，展示最真实的想法，这样才能够获得真实的反馈。

成语接龙

集		广	益	益	寿		年
年	轻		壮	壮		凌	云
云		雨	散	散	兵		勇
勇	往		前	前		后	合

答案：思、延、力、志、消、游、直、仰

火烧连营

原典

陆逊营烧七百里，孔明巧布八阵图。（明罗贯中《三国演义》第八十四回）

成语释义

三国时期吴蜀之间作战，吴军在蜀军驻地边放火猛攻，烧毁蜀军营寨，战胜了蜀军。指迅速而全面地取得胜利。

造句

火烧连营的故事决定了夷陵之战蜀败吴胜的结果。

扫码听音频

历史故事

读史小贴士

时间：公元 222 年
地点：夷陵
主要人物：孙权、刘备、陆逊

三国时期，东吴的孙权使计夺回了荆州，还杀了刘备的好兄弟关羽，刘备对孙权一直怀恨在心。

公元 221 年，刘备亲自率领蜀汉军队数万人，对吴国发动了大规模的进攻。当时，双方领地的边界已西移到巫山附近，长江三峡

成为他们之间的主要通道。孙权得知消息后，任命右护军、镇西将军陆逊为大都督，统率五万人开赴前线，抵御蜀军。

陆逊上任后，经过仔细分析认为，刘备现在兵势强大，也占据了有利的地理位置，但他求胜心切，吴军应暂避锋芒，寻找合适的机会才能一举打败他。陆逊耐心地说服了吴国诸将，让他们放弃了立即决战的念头，果断地实施战略后退。

第二年，刘备亲自率领主力建立了大本营。这时，蜀军

已深入吴国的边境数百公里，由于吴军的顽强抵抗，蜀军东进的势头慢慢停了下来。在吴军坚守阵地、绝不出战的情况下，蜀军不得已在**巫县**（三国时县境属孙吴宜都郡，位于今重庆市巫山县）、**建平**（三国时郡名）至夷陵一线数百里设立了几十个营寨。

不知不觉，已经过了半年的时间，两军仍然相持不下。刘备为了迅速同吴军进行决战，好几次派人到吴军阵前辱骂挑战，但是陆逊每一次都当耳旁风不理他们。陆逊坚守不战，破坏了刘备速战速决的意图。

六月的江南，正值酷暑时节，蜀军将士们被热得够呛。刘备无可奈何，只好让埋伏在水里的士兵们舍船转移到陆地上。因为林内

凉快，刘备便把军营设于密林里，挨着溪水，让将士们好好休整，准备等到秋后再发动进攻。

陆逊时刻关注着蜀军的部署，他发现蜀军士气沮丧，水军也都上了岸，现在不用担心对方会水陆夹击，于是决定向孙权请示准备作战。

一开始，陆逊并没有大规模进攻，而是带了一小部分军队试水。就是这一次试探让陆逊想了一个绝妙的计策——用火攻。因为当时正是炎热的夏季，气候闷热，而蜀军的营寨都是由木栅筑成，其周围又全是树林、茅草，一旦起火，就会烧成一片。

决战开始后，陆逊立刻命令士兵们各持一把茅草，趁着夜晚突袭蜀军营寨，顺风放火。刚好当天刮大风，顿时火势猛烈，火苗乱窜，蜀军大乱。由于蜀军扎营时一个挨着一个，周围还都是容易烧着的树木、杂草，一时间大火弥漫，蜀军损失惨重。陆逊乘势发起反攻，迫使蜀军西退。

陆逊集中兵力，四面围攻，歼灭蜀军数万名。至此，蜀军溃不成军，刘备趁着夜晚突围，在赵子龙的帮助下逃到白帝城，第二年一病不起，不久便去世了。

读史启示

这个故事告诉我们，千万不能像刘备一样被仇恨冲昏了头脑，没有经过深思熟虑就带兵去打仗。我们在任何情况下都要保持冷静，尤其是在做重大的决定时，更要慎重。另外，本来蜀军在这次战争中占据着各种优势，到头来还是决策失误，被杀了个措手不及。所以，我们在顺境中更要慎重，否则就会尝到失败的苦果。

火	烧		营	营		斐	锦
锦		添	花	花	红		绿
绿	水		山	山		水	尽
尽		尽	美	美	中	不	
	智	多	谋	谋		在	人
人	定		天	天	网		恢

答案：连、媚、上、柳、青、穷、善、足、足、事、胜、恢

唇齿相依

原典

交之于人也；犹唇齿之相济。（西汉刘歆《新议》）

王师屡征而未有所克者，盖以吴、蜀唇齿相依，凭阻山水，有难拔之势故也。（西晋陈寿《三国志·魏书·鲍勋传》）

成语释义

嘴唇、牙齿互相依靠。形容双方关系密切，相互依存。

近义词

休戚相关　耳不离腮　辅车相依

反义词

毫无瓜葛　毫不相干

造句

这两个村庄唇齿相依，慢慢实现了共同富裕。

历史故事

扫码听音频

读史小贴士

时间：公元 222 年
地点：洛阳
主要人物：孙权、曹丕、鲍勋

公元 221 年，刘备为了夺回荆州，给关羽报仇，对东吴发动了夷陵之战。孙权被吓得不轻，向刘备求和不成，转而向曹丕求和。结果，信心百倍的蜀军在夷陵之战中的表现让人大跌眼镜，随后刘备也病逝于白帝城。

随着时间的发展，孙权不想再对曹丕称臣。魏吴之间的关系因曹丕反复要求孙权将儿子送到魏国当质子而恶化，孙权怒而另立门户。公元 222 年，气急败坏的曹丕为了扳回面子，对吴发动了战争。

尽管实力远胜于孙吴，但曹丕伐吴的过程却十分曲折。

第一次，魏军从许都出发，南征吴国，就在孙权几近失败之际，事情出现了转机。擅长水上作战的吴军放手一搏，而擅长陆地作战的魏军被打了个措手不及，孙权就这样击退了曹丕的进攻。

第二次，曹丕率领大军南征，当他由广陵抵达长江后，东吴沿江设**疑兵**（为了虚张声势、迷惑敌人而布置的军队）防守。当时恰逢长江水势上涨，曹丕看到后觉得自己的骑兵不够，还得多多训练水军，免得像上次一样吃大亏，于是班师回朝。

第三次，曹丕信心满满，但这次出发之前，魏国朝臣们意见不一。其中，有一个名叫鲍勋的大臣向来秉公执法，但是情商比较低，所以经常说话惹得曹丕不高兴。

鲍勋当面对曹丕说："朝廷军队多次出征都没能攻克吴国，

这是因为东吴、西蜀相互依存，那里有山水地势的阻挡，很难一举拿下。往年进攻时船都被阻隔在南岸，差点全军覆没。现在您又要兴师动众去攻打那么遥远的地方，劳民伤财的，臣认为这样不可行啊。”

曹丕听了更加愤怒，将鲍勋降职为**治书执法**（三国时魏国治书侍御史外别置治书执法，掌奏劾）。

公元225年，曹丕在江边进行了一次检阅大军的仪式，声势极为浩大，然后就雄赳赳气昂昂朝着吴军杀过去了。那边吴军拼死抵抗，这边魏军又遇到天寒，河流结冰，魏国大军的战船不能进入长江。曹丕无计可施，再次灰溜溜地退兵了。

读史启示

在这个故事中，鲍勋对曹丕的谏言有道理的。面对强大的魏国，蜀国和吴国肯定会联合起来，两国唇齿相依，唇亡则齿寒。但是曹丕不能静下心来听取臣子的意见，而是一味地独断专行。我们要知道，忠言逆耳利于行。只听好听的话，就会在这些虚情假意中迷失自己。那些真正有用的建议往往有些不好听，但若是真的采取了这些意见，是有助于我们成长的。

七擒七纵

原典

亮笑，纵使更战，七纵七擒，而亮犹遣获。（西晋陈寿《三国志·蜀书·诸葛亮传》裴松之注引）

源自明罗贯中《三国演义》第八十七回到九十回。

成语释义

三国时期，诸葛亮出征南中，将当地首领孟获擒住七次，放了七次，最终让他真正服输。比喻运用策略，使对方心服口服。

近义词

欲擒故纵

反义词

格杀勿论　就地正法

造句

这一次他技不如人，经过了对方的七擒七纵，输得心服口服。

历史故事

读史小贴士

时间：公元 225 年
地点：南中
主要人物：诸葛亮、孟获

公元 225 年，诸葛亮为了巩固蜀汉政权的后方，率领军队南征。正当他们接连取胜的时候，南中首领孟获集结南方残部准备前来袭击蜀军。

诸葛亮找当地人了解后，发现孟获骁勇善战，为人忠厚，意志坚强，极得民心。诸葛亮笑了笑说：“孟获是吧，那我就和你好好玩儿玩儿！”

话说孟获虽然勇猛，但是不善于谋略。首次交锋，诸葛亮命将领与孟获交战后假装失败，将孟获引入峡谷中的埋伏圈。孟获见到蜀兵败走，猛地追上去，结果中了埋伏直接被擒。

诸葛亮先是把孟获手下的将领放了，然后亲自给他松绑，好言劝哄他归顺。孟获生气地说：“你耍诡计我才上了当。我不服！有本事你放我回去，我带着兵马再来和你一决雌雄。你要还能擒住我，我就服你。”诸葛亮同意了。

蜀军将领见诸葛亮把孟获放了，都很不理解。诸葛亮说：“抓住孟获太容易了，让他真心归顺我们，才是我想要的。”诸将心里虽然不是很赞同这种做法，但是碍于诸葛亮的威望，也没有说什么。

孟获回到**泸水**（金沙江的别名），聚集各洞酋长，招聚原来被放的蛮兵，修筑土城和深沟据守。有了坚固的防御，孟获开始放松。孟获之前被擒的部下见孟获整天饮酒取乐，诸葛亮却早已派兵潜入城中，眼见抵抗没用，便直接把孟获绑了献给诸葛亮。

第二次被擒

诸葛亮见孟获还是不服，又将他放了回去。孟获与弟弟孟优商议后决定，让孟优带着金银财宝假装投降诸葛亮，然后里应外合，擒住诸葛亮。诸葛亮早已看破他们的计谋，将计就计，等孟获带着三万蛮兵攻入蜀军营寨，蜀军反将他们打了个措手不及。

第三次被擒

孟获逃跑途中又被擒住。

孟获仍是不服，诸葛亮也不勉强，带着他参观了一圈特地布置的、全是老弱病残的军营，就把他放回去了。孟获三次被擒，已经气坏了，这次回去点了十万兵马来攻。诸葛亮假装带兵弃寨逃走，孟获不知道有诈，带兵去追，结果掉进陷阱，再次被擒。

诸葛亮看孟获仍是不服，又放他回去。孟获投奔了当地的朵思大王（《三国演义》中南蛮秃龙洞的元帅，南蛮第一智者）。洞主杨峰为感谢诸葛亮恩德，假装帮助孟获攻打诸葛亮，用计擒住了孟获和孟优，一起献给了诸葛亮。

眼看孟获还是不服，诸葛亮放了孟获兄弟，重赏了杨峰等人。孟获回去后找来了**木鹿大王**（《三国演义》中的虚构人物，八纳洞主，擅驱兽法，能行风雨）帮助自己对付诸葛亮。木鹿大王驱使豺狼虎豹上阵，但被诸葛亮早准备好的木制巨兽吓退。第二天，孟获假装投降，被诸葛亮识破，孟获再次被擒。

孟获不甘心，告诉诸葛亮擒他七次他就真服，于是诸葛亮再次放了他。孟获又请来**兀突骨**（《三国演义》中的虚构人物，南蛮乌戈国国主）带领的乌戈国藤甲军，与诸葛亮决战。诸葛亮用油车火药烧死了无数藤甲兵，孟获第七次被擒。

这时，孟获才打心底里敬服诸葛亮，并表示从今以后再也不反叛了。他回去以后，还说服各部落全部投降，南中地区就此重新归蜀汉控制。

读史启示

这个故事里，诸葛亮不但智慧超人，心胸也很宽阔。面对被擒的孟获，他完全可以将他处死。可诸葛亮不但没有这样做，还为孟获松绑、赐酒食，以礼相待，将蜀国占领的土地退还给他。孟获虽然是个粗鲁之人，但也被这种胸襟感动了。由此可见，最强大的力量不是拳头，而是人心。

所以，世界上最广阔的不是天地，不是大海，而是人的心胸，以诚相待是交朋友的基础，诸葛亮七擒孟获，擒的不是其人，而是人心。我们与人交往也要如此，心胸宽阔、以诚相待，才能交到能够交心的朋友。

七		七	纵	纵		交	错
错	彩		金	金	口		言
言		不	一	一		不	苟
苟	且		生	生	龙		虎
虎		蛇	尾	尾		不	掉
掉	以		心	心	直		快

答案：擒、横、镂、玉、行、丝、偷、活、头、大、轻、口

鞠躬尽瘁 死而后已

原典

臣鞠躬尽瘁，死而后已。至于成败利钝，非臣之明所能逆睹也。（西晋陈寿《三国志·蜀书·诸葛亮传》裴松之注引）

成语释义

尽瘁：竭尽心力。已：停止。指勤勤恳恳、尽心竭力，直到死了以后才停止，多用来形容人不辞劳苦地奉献出自己的一生。

近义词

呕心沥血　赴汤蹈火　全心全意

反义词

自私自利　敷衍塞（sè）责

造句

敬爱的周恩来总理为了新中国鞠躬尽瘁，死而后已，值得我们永远铭记。

历史故事

读史小贴士

时间：公元 226 年
地点：益州
主要人物：诸葛亮、刘禅、刘备

诸葛亮是三国时期蜀汉的丞相，是当时最著名的政治家、军事家之一，也是我国传统忠诚与智慧的代表人物。诸葛亮把自己的毕生心力，都奉献给了蜀汉。

VCR

诸葛亮出身于**琅琊**（今青岛市境内）的一个望族。他很小的时候，父母就过世了。于是，他带着年幼的弟弟投奔了叔父诸葛玄。后来，诸葛玄死于战乱，诸葛亮和弟弟就在隆中隐居，耕田种地，广读诗书。

刘备屯兵新野的时候，听闻诸葛亮有绝世的才华，便三顾茅庐请他出山。诸葛亮确实也没有让刘备失望，他为刘备出谋划策，联合东吴孙权在赤壁之战中大败曹操的军队，形成魏、蜀、吴三国鼎立之势，后来又出计，辅佐刘备攻克荆州、益州和汉中。

公元 221 年，刘备在成都建立蜀汉政权，诸葛亮被任命为丞相，主持朝政。但这一时期，荆州的丢失、关羽和张飞的相继死亡以及刘备率军在夷陵的大败，让新生的蜀汉政权面临着重重危机。

公元 223 年，讨伐孙权失利后驻扎在白帝城的刘备忧愤病重。趁着自己还有一口气，刘备把诸葛亮和**尚书令**（古代官职，主要负责

出令纳奏，三国时期或代行宰相之职）李严一起从成都召到**永安宫**（刘备在白帝城的行宫），商量托付后事。刘备将蜀汉的大权交给了诸葛亮，并告诉他如果刘禅实在无能，可以取而代之。诸葛亮被刘备的信任感动，流下泪来，说：“臣一定竭尽全力，直到死为止！”

刘禅即位后，所有政务，都依赖于诸葛亮，大小事情都要诸葛亮来决定。诸葛亮先是与东吴政权重修于好，又亲自率军南征，平定了那里的叛乱。

公元 226 年，魏文帝曹丕去世，其子曹叡继位。诸葛亮决定抓住有利时机，出师北伐。在公元 227 年第一次北伐临行之前，诸葛亮给刘禅写了一份表章，史称《出师表》。诸葛亮在文中以恳切的言辞，劝说刘禅要继承先帝刘备未完成的志向，完成兴复汉室的大业。北伐中，诸葛亮错用马谡，痛失街亭这个军事重地，自降三级官职。后来，诸葛亮率军攻打祁山，六出祁山，都取得了胜利。

公元 232 年，诸葛亮在黄沙练兵讲武，还发明制造了运输粮食的工具——木牛和流马，经过长时间的准备，诸葛亮决定再次北伐。这次北伐之前，诸葛亮向刘禅进上了《后出师表》，在文中向刘禅

说明了敌强我弱的严峻现实，提到北伐不仅是先帝刘备的遗愿，更是关系蜀汉生死存亡的大事。在文章里，诸葛亮还写下“臣鞠躬尽瘁，死而后已”的名句。这不仅是他此次出师的誓言，也成了他一生的写照。

在第二次北伐中，诸葛亮带领蜀汉军队在魏国境内分兵屯田，本打算长期驻扎，与魏军抗衡。不想却因长期劳累，患重病死在五丈原，年仅 54 岁。

诸葛亮为了完成刘备交给他的事努力了大半生，这种不辞辛劳奉献自己的精神值得我们学习。即使现在我们还不能做到胸怀天下，那也应当从坚守每一份承诺、认真对待每一件事情做起，竭尽全力，让自己成为一个坦坦荡荡的人。

言过其实

原典

先主临薨谓亮曰："马谡（sù）言过其实，不可大用，君其察之！"（西晋陈寿《三国志·蜀书·马良传》）

成语释义

话超过了实际的意思，形容人说话浮夸、过分，不符合事实。

反义词

夸大其词　名不副实　志大才疏

近义词

名副其实　言必有据　恰如其分

造句

我们平常说话要有理有据，不要言过其实，不然会让人难以信任。

扫码听音频

历史故事

读史小贴士

时间：公元 228 年

地点：街亭

主要人物：马谡、诸葛亮、司马懿、张郃

马谡是三国时期蜀汉的将领。他和哥哥马良都在刘备手下做官。马谡从小熟读兵书，爱好谈论军事，当时的丞相诸葛亮很看重他，任用他为参军。每次马谡和诸葛亮谈论军事总能从白天讲到黑夜，不知疲倦。

虽然马谡深得诸葛亮的赏识，但刘备却总觉得马谡好高谈阔论，做事不踏实。刘备临死前把诸葛亮叫到床前交代后事，特地嘱咐他说：“马谡言语浮夸，说的话超过了他的实际能力。这个人不可重用，丞相日后要多多留意！”但是，诸葛亮并没有认真记住这句话。

公元227年，诸葛亮向刘禅上书《出师表》，表明了北上伐魏、克复中原的决心。第二年春天，他便带着军队向祁山出兵，开启了轰轰烈烈的第一次北伐。

诸葛亮北伐首战告捷，全军一路凯歌高唱。这可把魏明帝曹叡吓坏了！他亲自坐镇长安，并派大将张郃为先锋随司马懿前往抵抗诸葛亮，派其他将领阻击另外几路蜀汉的军队。

司马懿和张郃都是魏国名将，诸葛亮猜他们肯定会先取汉军咽喉之地街亭，就准备提前部署。出发前，诸葛亮不顾众将的反对，执意派自己看好的马谡去驻守街亭。

诸葛亮再三向马谡强调街亭的重要性，还增派了几路人马协助和接应他。马谡自恃从小熟读兵书，不顾诸葛亮的安排和副将的劝说，执意将军队驻扎在一座孤山上，而不是险要位置。王平很无奈，自领五千兵马屯于山下。

魏军果然来抢街亭，两军在街亭开战。司马懿知道守将是马谡后，大喜道：“这人徒有虚名，就是个草包！”他派张郃拦住山下的王平，自己率军将马谡围在山上，切断山上的水源。汉军因缺水陷入混乱，马谡弃军而逃。

街亭失守后，蜀军丧失了全部有利形势。诸葛亮没有办法继续进军，于是退兵回到了汉中，第一次北伐就这样失败了。

这时，诸葛亮才想到刘备是何等的英明，自己信任马谡又是何等的愚蠢。想到刘备早就提醒过自己马谡这人言过其实，诸葛亮对自己没有听从先帝的遗言，最终造成北伐的失败而感到十分后悔。

诸葛亮这次用人不当，导致战略咽喉之地街亭失守，蜀魏攻守之势逆转。为了严肃法度，诸葛亮不得不斩杀马谡，并自贬三等，这也就是诸葛亮挥泪斩马谡的故事。

马谡的言过其实让诸葛亮对他产生了错误的认识，也间接造成了后面用人不当的悲剧。从马谡身上我们应当知道，人要对自己说的话、做的事负责任，不能夸大事实，这样会让别人产生误解，造成不好的后果。而从诸葛亮的身上我们也应当学会，人要善于听取他人的意见和忠告，不能按照自己的想法一意孤行，这样很有可能发生不可挽回的错误，为此付出沉痛的代价。

言	过	其			至	名	归
归		似	箭	箭		虚	发
发	扬		大	大	同		异
异		同	声	声		鹊	起
起	死		生	生	龙		虎
虎	狼	之			泰	民	安

答案：实、实、心、无、光、小、口、名、回、活、国、国

孔子后人
护驾有功

彩虹糖童书馆
Rainbow Candy Kids' Book House

爆笑

三国成语

8 三家归晋

郭珮涵 ◎ 编著

航空工业出版社
北京

内容提要

本书从三国末期司马氏灭蜀、吴，取代曹魏统一全国期间发生的历史故事中精选10个成语，说明成语的典故出处，解释成语的意义，罗列成语的近、反义词，运用成语造句，用风趣浅显的语言讲述成语的背景故事，揭示成语故事对孩子的启发意义，让孩子们学会成语的同时了解三国时期的历史。

图书在版编目（CIP）数据

爆笑三国成语．三家归晋 ／ 郭珮涵编著．-- 北京 ：航空工业出版社，2022.11

ISBN 978-7-5165-3176-1

Ⅰ．①爆… Ⅱ．①郭… Ⅲ．①汉语－成语－青少年读物 Ⅳ．① H136.31-49

中国版本图书馆 CIP 数据核字 (2022) 第 192835 号

爆笑三国成语・三家归晋

Baoxiao Sanguo Chengyu.Sanjia Gui Jin

航空工业出版社出版发行

（北京市朝阳区京顺路 5 号曙光大厦 C 座四层　100028）

发行部电话：010-85672688　010-85672689

唐山楠萍印务有限公司印刷　　全国各地新华书店经售

2022 年 11 月第 1 版　　2022 年 11 月第 1 次印刷

开本：710×1000　1/16　　字数：39 千字

印张：4.5　　定价：218.00 元（全 8 册）

目录

司马炎
司马懿
诸葛亮
曹叡
主要人物
司马昭
卢毓
邓艾
杜预
三国

八·三家归晋

在“分久必合，合久必分”的大趋势下，司马昭攻陷蜀国，他的儿子司马炎在他死后代魏称帝，灭掉吴国。至此，三分之势再次回归一统。

膏梁子弟

原典

若夫缙绅秀彦、膏梁子弟，谓之鄙俚，耻于窥涉，遂使博闻之说，废而弗明。（唐颜师古《〈急就篇注〉叙》）

夏侯楙乃膏梁子弟，懦弱无谋。（明罗贯中《三国演义》第九十二回）

成语释义

膏梁：肥肉和细粮，指美味佳肴。形容生于富贵人家，习惯于享乐的人。

近义词

富家子弟　纨（wán）绔（kù）子弟

反义词

寒门子弟

造句

那些膏梁子弟整天吃喝玩乐，不学无术，他出身寒门却抓紧一切时间学习。

扫码听音频

历史故事

读史小贴士

时间：公元 228 年
地点：洛阳
主要人物：夏侯楙、曹叡、王朗、诸葛亮、赵云

三国时期，魏国有个人叫夏侯楙（mào），是大名鼎鼎的大将夏侯惇的儿子。虽然他能力一般，但是却有着强大的亲友团。他的父亲夏侯惇是曹操的堂兄，曹操的儿子曹丕和他从小一起长大。夏侯惇死后，曹操直接封夏侯楙为列侯，后来还把自己的大女儿清河公主嫁给了他。曹丕受禅登基后，任命夏侯楙为安西将军，还一度派他驻守长安。

公元 228 年，魏文帝曹丕去世，曹叡继位。蜀汉丞相诸葛亮认为时机成熟，决心领兵北伐曹魏，正式向魏国出兵。此前，他已与赵云在汉中驻扎一年，为北伐做准备。这是他出任丞相之后的第一次北伐，志在完成刘备的遗愿。

这天，曹叡接到紧急军报，说诸葛亮率领三十万大军朝魏国边境来了，赵云、邓芝是前部先锋。这个消息可把曹叡吓了一大跳，连忙问朝中众臣：“你们谁有信心做将领，带兵击退蜀国的军队啊？”

夏侯楙主动请求出战，说：“我父亲就死于汉中，这深仇大恨我

还没有报。如今他蜀国军队倒是找上门来了。我愿意带领将士们前往杀敌，既为国效力，又要报杀父之仇，就算死也要完成使命！”

众大臣一看，哎哟，这当朝驸马口气不小啊！司徒王朗当即上奏说：“陛下，不行啊，驸马没有带兵打过仗，把这么重要的任务交给他，实在有点不合适啊！况且那诸葛亮足智多谋，咱们可万万不能轻敌。”

夏侯楙一听立刻火冒三丈，大声说：“哼！先生该不会是诸葛亮的内应吧？我从小就跟我爹学习韬略，现在已深通兵法，你是不是故意刁难我，所以才不让我上战场？我发誓，一定生擒诸葛亮，办不到的话我决不回来！”曹叡便命他为大都督，调关西诸路军马前去迎敌。

这边，诸葛亮也收到魏国传来的消息，信使上报说：“魏主曹叡将派驸马夏侯楙应战，还调来了关中各路军队。”大将魏延听后，哈哈大笑说：“这个夏侯楙就是个惯于享乐的膏粱子弟，懦弱无谋。我愿意亲自率领五千精兵从子午谷向北进军，不出十天就能赶到长安，一举拿下长安和潼关。”诸葛亮认为他的计划太过冒险，没有同意，继续让赵云按照计划率军从大路前进。

赵云率领的蜀军与夏侯楙率领的魏军在**凤鸣山**（古代地名，位于今陕西省汉中市境内）相遇，赵云接连击败夏侯楙手下的西凉将领韩德父子，吓得夏侯楙慌忙躲入军阵。

夏侯楙虽然无能，但他有个厉害的谋士名叫程武，他向夏侯楙献计说，可以设下八面埋伏，让夏侯楙将赵云诱入伏击圈，重重包围起来。由于过于轻敌，大将军赵云果然中计。赵云从白天一直杀到晚上，仍然突围不成。几近绝望之际，关兴和张苞两位小将各带五千兵马前来接应，赵云才冲出魏军的包围，发起反击。此时，膏粱子弟夏侯楙果然像人们预计的那样，被打得落花流水，仓皇逃到了附近的**南安郡**（古代行政区划，位于今甘肃省境内）。

诸葛亮先是用计攻下了南安郡附近的**安定郡**（古代行政区划，位于今宁夏回族自治区境内），又将计就计攻下了南安郡，生擒了夏侯楙。夏侯楙贪生怕死，与诸葛亮一起设计，

攻下了**天水郡**（汉代行政区，位于今甘肃省天水市），还帮助诸葛亮招降了在战争中屡次识破他计谋的姜维。

最后，夏侯楙趁乱逃到了**羌胡**（泛称我国古代西方和北方各族）。至此，夏侯楙连失三城，再也没脸回到魏国。

这则故事中，夏侯楙本是将门之后，他的父亲夏侯惇一生戎马，谦虚善学，但却对自己的孩子疏于关注。夏侯楙自己也只耽于享乐，不学无术，成了一个无知自大的人，所以才会在战场上输得一败涂地。这个故事告诉我们，环境越是优越，就越要加强学习，绝不能贪图安逸，一味享乐。这样，我们才能有所突破，有所成就。

合		为	一	一	事		成
成	千		万	万		深	渊
渊		有	自	自	暴	自	
	暗	投	明	明		张	胆
胆	大		为	为	国		民
民		民	膏	膏	粱		弟

答案：二、无、上、丈、源、弃、弃、目、妄、为、脂、子

鹰视狼顾

原典

司马懿鹰视狼顾，不可付以兵权。（明罗贯中《三国演义》第九十一回）

成语释义

像鹰一样注视，像狼一样环顾四周。形容人目光锐利，为人狠戾。

近义词

横眉竖眼　狼戾不仁

反义词

慈眉善目　和蔼可亲

造句

此人鹰视狼顾，野心勃勃，让人与他对视后不自觉地产生恐惧的心理。

扫码听音频

历史故事

读史小贴士

时间：公元 226 年
地点：洛阳
主要人物：诸葛亮、马谡、司马懿、曹叡、华歆、曹真、曹休

公元 226 年，诸葛亮得到消息，魏文帝曹丕病亡，其子曹叡即位，司马懿被封为**骠骑将军**（古代武官名，骠骑将军为二品或从一品，仅低于大将军），掌管魏国精锐军队。诸葛亮对几个将军说：“如今，曹丕已死，曹叡即位后不足为虑，但这司马懿深有谋略，还掌管着大批军马，倘若训练多时，必定成为蜀中大患。我们不如先起兵讨伐他。”

参军马谡说：“我们刚刚平定南方，士兵疲惫，应加强休养，不适合远征。我有一个办法，可以让曹叡除掉司马懿。”诸葛亮问是什

么计谋，马谡说："我们秘密派人前往洛阳、邺（yè）郡等地，散布谣言，说司马懿手握重兵，想要造反。同时冒充司马懿告示天下，一定能让曹叡心疑，到时候他肯定会杀了司马懿。"

没过多久，邺城门上就贴出一张告示，告示中写道：司马懿布告天下，昔日太祖武皇帝曹操创立基业，本想立陈思王曹植为嗣，结果被奸人破坏。如今曹叡妄自居尊，有负太祖的遗志。我要应天顺人，绝不同意曹叡继位。告示到日，请各位早日归附新君。如有违逆，当灭九族！

曹叡看到告示后，急忙召集群臣商议。太尉华歆（xīn）奏报说：“当年太祖武皇帝说过，司马懿鹰视狼顾，不能交付给他兵权，否则必成国家大祸。”王朗附和说：“司马懿擅长带兵，而且很有野心。如果不及早铲除，久后必定成为大祸啊。”曹叡便降旨，打算兴兵御驾亲征。

这时，大将军曹真劝谏道：“陛下，不妥啊！既然文皇帝（曹丕）托孤的人中有司马懿，就证明他知道司马懿没有谋反的想法。现在还没弄清事情真假就攻打他，那才是逼他造反。这或许是西蜀或东吴使用的反间计，让我们君臣自乱，他们好乘虚出击啊。”

曹叡点头说：“你说得也有道理，但如果司马懿果真谋反，那我们该如何应对呢？”曹真回答道：“如果陛下不放心，可以亲自去安邑，镇守雍州和凉州的司马懿必定前来迎接，您可以观察他的动静，要是发现他有谋反的心就在车前擒拿他。”曹叡依计前往安邑。

司马懿听说曹叡要来亲自视察，却不知道其中缘故。他想让天子知道他治军严整，便整顿兵马，亲率精锐士兵数万来迎接。曹叡一看，心想：“司马懿带这么多兵马前来，果然有反心！”曹叡慌忙命令曹休领兵迎击。

曹休大声问司马懿："你受先帝托孤之重，为什么想要造反？"司马懿听了大惊失色，冷汗直流，忙问曹休为何这么说。曹休就说了之前的事情，司马懿着急解释道："这肯定是吴、蜀的反间之计，想让我们国家内乱呀。我现在就到天子面前解释。"

于是，司马懿下令退了军马，来到曹叡车前，趴在地上哭着说："微臣受先帝托孤之重，怎么敢生出别的心思啊！这肯定是东吴、西蜀的奸计。微臣请求率军，先破西蜀，后伐东吴，以报先帝和陛下的大恩，也表明微臣的忠心。"曹叡有点犹豫不决。

华歆奏报说："陛下，

为了以防万一，还是收回他的兵权，把他罢归田里吧！”于是，司马懿被削职回乡，曹叡命令曹休总督雍、凉两州的军马，自己摆驾回了洛阳。诸葛亮听说后，高兴地说：“没了司马懿镇守雍州和凉州，我们可以放心地北伐了。”

读史启示

在蜀国的离间计面前，虽然曹叡最终还是冤枉了司马懿并将他削官罢职，但他的做法还是有可取之处的。在发现假造的告示时，他没有立即处置司马懿，而是召集群臣商议此事，虚心听取他人意见。在大臣们提出意见之后，他没有简单地听取多数人的意见，而是选择了更加合理的意见去执行。由于司马懿迫切想要展示自己带兵有方，阴差阳错地让自己陷入了一个跳进黄河也洗不清的局面里，此时曹叡也并没有一味地将其处死，而是选择了比较理性的做法。我们在遇到问题做决定的时候，要学习曹叡，不偏听偏信，要综合考虑，选择更加合理的做法。

成语接龙

鹰	视		顾	顾		思	义
义		云	天	天	马		空
空	前		后	后	起	之	
	外	慧	中	中		而	废
废		忘	食	食	言		肥
肥	头	大			听	八	方

答案：狼、名、薄、行、绝、秀、秀、道、寝、而、耳、耳

缓兵之计

原典

郃曰："孔明用缓兵之计，渐退汉中，都督何故怀疑，不早追之？郃愿往决一战！"（明罗贯中《三国演义》第九十九回）

成语释义

让敌人延缓进攻的计策，形容先拖延时间，或者先使事态缓和，然后再想办法应付。

近义词

权宜之计

反义词

刻不容缓　速战速决

造句

这么做只不过是缓兵之计，想要彻底解决问题，还需要进行更深入的研究。

扫码听音频

历史故事

读史小贴士

时间：公元 229 年

地点：祁山

主要人物：诸葛亮、司马懿、张郃

公元 229 年，诸葛亮领兵出祁山，开始第三次北伐。他命人将大军分布成三个大寨，专等魏兵来攻击。

魏国闻讯后，派出老将司马懿抗击。司马懿领兵到长安之后，张郃前来迎接，报告了前面的战事。司马懿派郭淮、孙礼去探查**阴平**（古代郡名，在今甘肃省文县境内）、**武都**（古代郡名，在今甘肃省陇南市辖内）两郡的情况，结果发现两地已被蜀军抢占，两人半路被诸葛亮、王平和姜维夹击，大败逃回魏营。

司马懿寻思一番，认为诸葛亮取得了武都、阴平两城后，必然忙着安抚百姓，不在军营中，便又召来张郃、戴陵，让他们带兵去攻打蜀汉大营。谁知诸葛亮早就猜到了司马懿的计划，提前派人在军营四周埋伏着，张郃、戴陵奋力杀出重围，狼狈逃回。

连败两战之后，司马懿命大军撤回营寨，坚守不出。半个月过去了，诸葛亮看司马懿总是不出战，又想出一计，传令让各处收拾行囊，向后撤退。埋伏在蜀军周围的魏国奸细把这一情况报告给司马懿。

张郃一听，认为

他们肯定是粮草不足了，想带兵追击。司马懿想了想，说：“蜀中去年大丰收，粮草十分丰足。虽然他们转运粮草有点麻烦，但至少也够支撑半年时间，怎么可能会因粮尽退兵？他这是看我们连日不出战，设法来引诱，先派人打探一番。”

军士报告，蜀军后退三十里下寨。过了几天，司马懿扮成小兵亲自去看，蜀军又退了三十里下寨。张郃想追，司马懿还是不肯出兵。

张郃急切地说：“这分明就是诸葛亮的缓兵之计，慢慢退回汉中，都督您在怀疑什么？我愿意前往决一死战！”司马懿说：“诸葛亮诡计极多，稍有差池，会让我军将士丧失锐气，所以不能轻易进军啊。”

张郃说：“请派我出战，如果战败，甘愿以军令处置。”司马懿说：“既然这样，那就兵分两路，你领一路先行，必须奋力死战；我随后接应，以防备他们的伏兵。你第二天到了半路驻扎下来休息，后天再找交战的机会，这样士兵才不会乏累。”

诸葛亮见张郃行军走走停停，十分小心，便命将领率兵伏击。司马懿赶来救援，忽然传来消息说蜀军两路直扑大寨去了，司马懿大惊失色，立即领兵急忙往回赶，等赶到时蜀军已经退去，司马懿气得大骂诸将。这一战魏军死伤极多，遗弃马匹兵器无数。

读史启示

面对司马懿的坚守不出，诸葛亮假装用缓兵之计，一个多月持续退兵，并不进攻，这样才迷惑了司马懿。而司马懿本来也看出了诸葛亮在使用计谋，但是因为没有将自己的想法坚持到底，最终还是战败而归。在他们两个人身上，我们能看到坚持的重要性。在完成一件事情时，一定要沉得住气，不要随便动摇自己的想法，这样才有可能获得最终的胜利。

画饼充饥

原典

得其人与否，在卢生耳。选举莫取有名，名如画地作饼，不可啖（dàn）也。（西晋陈寿《三国志·魏书·卢毓传》）

成语释义

画一个饼来解除饥饿，形容用空想安慰自己或者欺骗别人，也形容徒有虚名，没有实际意义。

近义词

望梅止渴　指雁为羹　掩耳盗铃　聊以自慰

反义词

名副其实　脚踏实地

造句

空谈理想而不去付出实际行动，这样做只是在画饼充饥，于事无补。

历史故事

读史小贴士

时间：公元 234—公元 237 年
地点：洛阳
主要人物：卢毓、曹叡

三国时期，魏国有个很有名的大臣叫卢毓（yù），他是东汉末期大儒卢植的儿子。他一生历经曹操、曹丕、曹叡、曹芳、曹髦五位君主，主要负责人才的评价和举荐，可谓德高望重。

虽说出身世家，但卢毓的成长历程非常坎坷。卢毓 10 岁时，父亲就去世了。后来，他的两位兄长也都相继死于战乱，留下妻子和

儿子无人照顾。卢毓便承担起了照顾嫂子和侄儿的责任。

当时社会动荡，全国战乱。卢毓只能一边辛勤地工作，一边抽时间坚持读书。渐渐地，他的才学被世人所认可。

卢毓28岁时，当时已是五官中郎将的曹丕召见他，让他在自己手下做官。卢毓正式进入曹魏阵营。后来，卢毓又先后担任了丞相法曹议令史、西曹议令史、吏部侍郎等职。尤其是魏明帝曹叡即位后，卢毓提出了很多选拔人才的可行建议，虽然经常和魏明帝发生争执，但也深得他的信任。

当时流行用举荐的方式选拔人才，大臣们都可以向魏明帝推荐有才能的人。许多大臣往往只推荐有名的人，但有的名人只会高谈阔论，互相吹捧，实际上并没

有什么出色的作为和才能；有的大臣任人唯亲，只举荐和自己关系好的人。魏明帝对此很不满意。

当时夏侯玄、诸葛诞、邓飏等都极有名气，但魏明帝明白他们只是虚有其表，没有什么真才实学。魏明帝很讨厌这种风气，并不重用他们几个人。

有一次，魏明帝要选人担任**中书郎**（三国魏开始设置，属中书省，负责编修国史）一职，于是召见卢毓，让他帮忙举荐人才。魏明帝语

重心长地说：“能不能选出合适的人就全靠你了。”卢毓没有说话，魏明帝接着说：“挑选人才的时候不要光看这个人有没有名气。名气就像画在地上的大饼，只能看不能吃。”

卢毓听了，对魏明帝说：“臣认为看名气举荐确实得不到优秀的人才，最好的方法是对他们进行考核，检验他们到底有多少真才实学。”魏明帝听了，认为卢毓说得有道理，于是下令制定考课法，用举荐和考试选拔相结合的方式录用人才。

读史启示

如果一个人空有名气，却并没有真才实学，就难以为国家做出贡献。这就好比画在地上的饼，不能充饥。所以，我们要踏踏实实地学习，丰富自己的学识，用知识使自己变得强大。同样，不脚踏实地地努力，只幻想着一鸣惊人，只能像画在地上的饼一样，没有一点儿价值。这个故事还启示我们，不能一味地靠空想来安慰自己，欺骗自己，要用实际行动将梦想变为现实。

成语接龙

画饼□饥　　饥不□食

食古不□　　□为乌有

有□共睹　　睹物□人

人命□天　　天□之合

答案：充、择、化、化、目、思、关、作

要言不烦

原典

辂寻声答之曰："夫善《易》者不论《易》也。"晏含笑而赞之："可谓要言不烦也。"（西晋陈寿《三国志·魏书·管辂传》裴松之注引）

成语释义

意思是指说话或写文章简明扼要，不烦琐。

近义词

短小精悍　一针见血

反义词

拖泥带水　长篇大论　洋洋洒洒

造句

写新闻报道非常重要的一点就是要言不烦，简明扼要。

扫码听音频

历史故事

读史小贴士

时间：公元 248 年

地点：洛阳

主要人物：管辂、何晏、邓飏

管辂（lù）是三国时期的著名术士，精通占卜之术。从小他就展现了自己对天文地理方面的热爱与天赋，长大后也经常为人占卜，渐渐地名声就传开了。

后来，有人向冀州刺史裴徽推荐管辂说：“管辂性情宽厚，与世无争。能仰观天文，神妙如同甘公、石申一样。他能精通《周易》，与季主相同。不妨加以任用，以发挥其才干。”于是，管辂被裴徽召为**文学从事**（三国曹魏置官名，掌管文化教育），很受器重。吏部尚书何晏也是有名的玄学家，对管辂非常仰慕，于是便宴请管辂到家中一叙，同时还邀请了当时的权臣邓飏相陪。

席间，何晏和管辂一见如故，对《易经》展开了激烈讨论。两个人就自己喜欢而且擅长的内容交流心得，这对何晏来说简直是一种精神享受。他不由得赞叹管辂说：“谈论阴阳之道，恐怕你称第二，没人敢当第一啊！”

何晏和管辂聊得太过投入，不小心忘了一旁的客人邓飏。邓飏没有这方面的研究，所以也没办法参与到他们两人的讨论中。

邓飏虽然不懂，但也想着刷一刷存在感，便问管辂：“人人都说您精通《易经》，但您刚刚谈论的时候，却丝毫没有涉及《易经》的辞义，这究竟是为什么呢？”

话音刚落，管辂便说：“真正精通《易经》的人，是不会随便谈论《易经》的。”何晏听了这机敏又深奥的话，不由笑着说：“太妙了，越是精要的话越不会烦琐难懂啊。”

读史启示

正所谓“说话说到点子上”，平时我们跟别人聊天总是会觉得对方没有在听或者是听得一头雾水，所以要学会把话说到关键处，说到点子上，这样对方才会感受到我们说话的分量，才会对我们所说的话有所反应和关注。

要		不	烦	烦	言		辞
辞	赋		评	评		论	足
足	不	出			生	故	旧
旧		新	知	知		守	雌
雌	雄		决	决	一		负
负		之	歌	歌		颂	德

答案：言、碎、注、头、门、门、雨、雄、未、胜、手、功

手无寸铁

原典

见维手无寸铁，乃骤马挺枪追之。（明罗贯中《三国演义》第一百零九回）

成语释义

手里没有任何武器，形容力量非常弱小。

近义词

赤手空拳

反义词

披坚执锐　荷枪实弹

造句

侵华日军残暴至极，连手无寸铁的老百姓也不放过。

扫码听音频

历史故事

读史小贴士

时间：公元 253 年
地点：铁笼山
主要人物：姜维、司马昭、郭淮、陈泰

姜维是三国时期蜀汉的名将。他最初只是魏国的一员小将。诸葛亮北伐中原时，姜维无奈投降蜀汉，诸葛亮十分器重他。诸葛亮死后，姜维开始崭露头角，后来被刘禅封为大将军，独掌军权。

公元 253 年，姜维起兵二十万，出兵阳平关讨伐魏国。魏国执政的司马师命司马昭为大都督前去迎战，没想到被姜维困在铁笼山上。

魏军大将郭淮闻讯后，想要前去营救，另一位将领陈泰说："姜维这次会合了羌兵，想要攻取我们的南安。现在羌兵已经赶到，将军如果撤兵去救援司马昭，羌兵必定乘虚袭击我们。我们可先派人去诈降羌人，如果能让羌人退兵，就能解救司马昭的铁笼之围了。"

郭淮觉得有道理，就命令陈泰依计行事。陈泰领着五千军兵来到羌军寨内，解下盔甲，放下兵器，对着羌王迷当哭拜道："那郭淮无比自大，常有杀我之心，所以我们前来投降。他军中的大小事情我全都知道。今夜我愿意领一支军兵前去劫寨，定能成功。"迷当大喜，命令部下和陈泰一起前去劫夺魏寨。

夜里，陈泰一路突奔到魏军寨前，骑马抢先冲入。迷当的部下跟着进入，却没想到掉进了郭淮和陈泰事先布好的坑里。羌兵大乱，自相践踏，死伤无数。郭淮、陈泰乘势领兵直杀到羌人寨中，活捉羌王迷当。郭淮以丰厚的赏赐为诱惑，说服羌王背叛与蜀汉的结盟，一起对付姜维。

迷当只好领着羌兵在前，魏军在后，直奔铁笼山求见姜维。姜维还不知道迷当已经投降了魏军，于是请他到寨中相见。迷当来到姜维军帐前，出其不意地对姜维动手。羌军中间混杂的魏军也背后杀起来。姜维大惊，急忙上马退走。

由于事情太突然，姜维逃跑时手中连个兵器也没有，腰间只有一副弓箭，还因跑得匆忙，箭都撒到了路上，只剩下一个空箭壶。郭淮领兵追赶，看到姜维手无寸铁，更是紧追不放。

眼看郭淮追到了跟前，姜维没办法，便假装拉弓弦，连响了十多次。郭淮连连躲闪，却不见箭来到，这才知道姜维没有箭支，于是自己拉弓搭箭射出一箭。姜维急忙躲闪，顺手接住箭，还假装中箭的样子。

等到郭淮追近时，姜维拿箭朝他脸上全力射去。郭淮没想到姜维会来这一招，中箭落马。姜维勒回马去杀郭淮，后面的魏军已经要追上来了。姜维来不及下手，只抢到郭淮大枪逃走。魏军也不敢追赶，急忙救起郭淮回寨，拔出箭头，但郭淮因血流不止而死。手无寸铁的姜维就这样反败为胜，杀了郭淮。

读史启示

姜维遭羌军背叛，逃跑时只带了一张弓和一只空箭筒，在危难关头，手无寸铁的姜维急中生智，用引弓射箭的姿势骗过了郭淮。两人对峙，姜维手无寸铁，郭淮不仅有武器，背后还有随行士兵。本来郭淮占据着压倒性优势，但结局令人大吃一惊。究其原因，是郭淮的自大和姜维的机智让局面反转。这个故事告诉我们，千万不能骄傲自大，否则可能会在意想不到的事情上栽跟头。

司马昭之心 路人皆知

原典

司马昭之心，路人所知也。吾不能坐受废辱，今日当与卿自出讨之。（西晋陈寿《三国志·魏书·高贵乡公传》裴松之注引）

成语释义

意为野心非常明显，别人都知道。

近义词

人尽皆知　野心勃勃

反义词

鲜为人知　默默无闻

造句

如今皇上驾崩，摄政王爷对皇位虎视眈眈，可谓“司马昭之心，路人皆知”。

扫码听音频

历史故事

读史小贴士

时间：公元 260 年
地点：洛阳
主要人物：司马昭、司马师、司马懿、曹芳、曹髦

司马懿是三国时期曹魏的重臣。他支持曹操称帝，佐助曹丕争储成功，辅佐魏明帝曹叡时官至太尉。曹叡临死之前，托付他与曹爽共同辅佐少帝曹芳。后来二人相互争权、相互排挤，经过一番激烈的权力斗争后，司马懿大获全胜，魏国的大权最终落入司马家族的手中。

司马懿死后，他的大儿子司马师接管其军政大权。公元 254 年，司马师得知魏帝曹芳打算与手下大臣联合发动政变废除他，就将曹

芳废掉，把皇室另外一个13岁的孩子曹髦（máo）推上了皇位。有了这个傀儡在手，司马氏家族将更多权势收拢在手中，朝廷几乎成了司马师的一言堂，颇有种当年曹操“挟天子以令诸侯”的感觉。

但是没过多久，司马师眼疾复发。他病重垂危的时候，将手中权力一并交给了弟弟司马昭。

大权在握的司马昭突然膨胀了起来，野心变得更大，开始萌生了挤掉曹髦，自己称帝的想法。于是，他不断命令曹髦给自己加官

进爵，并大力排除异己，打击政敌。

曹髦不同于之前的傀儡皇帝曹芳，他从小文武兼修，不甘心曹氏大权就这么落入司马氏家族的手中。眼看自己的皇权一再被削弱，曹髦深知自己在司马昭的野心之下不会活太久，迟早会被杀掉，不如铤而走险奋起反抗。

公元 260 年，曹髦将自己的心腹大臣找来，对他们说："司马昭的野心，是个人都能看出来。我不能忍受这样的屈辱，希望你们随我一起去征讨他。"几位大臣觉得这是飞蛾扑火，自取灭亡，纷纷劝道："朝廷各

处都有司马昭的爪牙，您的宫廷侍卫无论是人力还是兵甲都十分寡弱，要凭借什么做成这件事呢？您一旦发动攻势，就好像病情非但没有痊愈，反而会加深一样，后果不堪设想啊！”

曹髦听到这样的分析，怒火中烧，更加坚持要杀掉司马昭，丝毫不顾亲信的阻拦，手持宝剑，率领数百宿卫去征讨司马昭。有两个大臣为了保住自己和家族的性命，就偷偷向司马昭告密。

得到消息后，司马昭的党羽迅速集合军队，列阵迎战。众人一开始还忌惮曹髦的皇帝身份，不敢近身。后来形势开始不利于司马昭，司马昭手下的贾充只好下令击杀曹髦。曹髦没有丝毫还手之力，当场身亡。

曹髦死后，司马昭很是心虚。为了平息这件事，他将刺死曹髦的亲信成济处死，并颠倒是非地昭告天下，曹髦之死是因为他德行缺失所致，下令废除曹髦皇位，以平民的礼仪安葬他。最终，曹髦被以王礼安葬在了洛阳。

读史启示

后世经常用“司马昭之心，路人皆知”来说明阴谋家的野心非常明显，已为人所共知。曹髦不甘心被司马昭操控，直言指出司马昭的野心，并亲自上阵，用生命捍卫尊严。但是这个故事也告诉我们，无论做什么事都要先理智分析事情成败的后果，遇事不能盲目冲动，一定要冷静下来，认真思考，切忌飞蛾扑火，像曹髦一样，明知山有虎，偏向虎山行，最后讨伐失败，以失去性命收场。

鱼贯而进

原典

将士皆攀木缘崖，鱼贯而进。（西晋陈寿《三国志·魏书·邓艾传》）

成语释义

贯：连贯。像鱼一样一条跟着一条连贯地进入，形容按顺序进入。也作“鱼贯而入”。

近义词

井然有序　有条不紊

反义词

一拥而入　蜂拥而至

造句

电影快要开始了，观影的人们从放映厅门口鱼贯而进，没有一个人大声说话。

扫码听音频

历史故事

读史小贴士

时间：公元 263 年
地点：成都
主要人物：邓艾、姜维

邓艾是三国时期曹魏名将，他文武双全，是个不可多得的人才。最初邓艾只是个放牛娃，虽然很有才华，但因为出身卑微，加上口吃，并没有得到重用。直到遇到司马懿，邓艾才得以大显身手。后来，邓艾在曹魏灭蜀汉的决定性战争中率先进入成都，使得蜀汉灭亡。

公元 263 年，魏元帝曹奂下诏征伐蜀国。司马昭将人马分三路：征西将军邓艾率领部下牵制蜀将姜维大军的主力；雍州刺史诸葛绪

率部截击姜维，使姜维无法退回蜀国救援；镇西将军钟会率十万主力，乘虚取汉中，然后直取成都。

邓艾接到命令后，命天水太守王颀（qí）直攻姜维的营地，命令陇西太守牵弘等人在中途攻击姜维的前部。姜维听说钟会等已经率领军队进入了汉中，知汉中难保，便决心赶快摆脱邓艾，退往阴平，最后退守剑阁。

邓艾进至阴平，想与诸葛绪会合然后南下。诸葛绪不同意，领军向东走去找钟会。钟会想自己独掌军权，就诬告诸葛绪畏敌不前，要将他押回去治罪，自己统领大军南下，被姜

维挡在剑阁。剑阁素有“一夫当关，万夫莫开”的称号，姜维凭借着险要的地形据守，钟会久攻不下，无计可施。他想到魏军军粮可能因此供应不足，便准备退兵。

邓艾趁姜维被钟会牵制在剑阁，率军从阴平沿景谷道东向南转进，南出剑阁两百多里，钟会也派部将田章等跟进。魏军攀登小道，凿山开路，修栈架桥，一个接一个往里走，穿过七百余里无人烟的危险地带。

阴平这七百里无人之地，山高谷深，道路艰险，途中魏军还因为粮草不足而多次陷入困境。等他们走到马阁山，道路断绝，一时进也不是，退也不是。此时邓艾挺身而出，把毛毡（zhān）裹在身上滚下山坡，其他人也有样学样，大军终于走出了绝境。

过了阴平，魏军已经筋疲力尽，饿得前胸贴后背了。前面就是涪城，但城里的蜀军大都被调去防守剑阁。邓艾率军像神兵一样出现，守城蜀将马邈（miǎo）被迫投降。接着，邓艾又率军攻克绵竹，攻陷**雒（luò）县**（今四川省广汉市北），逼近成都。

蜀汉后主刘禅在主降派劝导下向邓艾请降。邓艾率军入成都，蜀汉灭亡。刘禅又派人去前线命令姜维等投降，姜维等得到命令，便到钟会军中投降。

邓艾是三国中的传奇人物，他的先天条件一般，但通过后天的努力获得了超常的学识，带兵打了许多次胜仗。在这个故事中，邓艾趁两军主力相持之际，带领一队人马进行大纵深迂回穿插，绕过蜀军的正面防御，直捣蜀都成都，创造了中国战争史上著名的奇袭战例——偷渡阴平。我们在遇到难题停顿不前时，也不妨从别的角度入手，可能会发现新的解决办法。

邓艾在战争中能与将士同甘共苦，在作战中又能身先士卒。正因为他能处处做出表率，部队才上下一心，取得一系列的胜利。这也告诉我们，一个团队的领袖，必须以身作则，才能赢得团队成员的信任，带领团队赢得胜利。

乐不思蜀

原典

问禅曰：颇思蜀否？禅曰：此间乐，不思蜀。（西晋陈寿《三国志·蜀书·后主传》裴松之注引）

成语释义

因为太快乐而不思念蜀国，“蜀”指的是三国时期的蜀国。比喻在新环境中得到乐趣，从而不再想回到原本的环境中。

近义词

流连忘返　乐而忘返

反义词

归心似箭　落叶归根　饮水思源

造句

小明在公园玩得乐不思蜀，忘记回家了。

扫码听音频

历史故事

读史小贴士

时间：公元 263—公元 264 年
地点：洛阳
主要人物：刘禅、司马昭

三国时期魏、蜀、吴三国鼎立，各为一方霸主。曹操、刘备、孙权你来我往，纷争不断。

刘备去世后，他的儿子刘禅继位。在古代，皇位是世袭制，就是爷爷传给父亲，父亲再传给儿子，一代又一代传承下来。但是，

想世世代代传下去可不是件容易事，首先得保证当上皇帝也会在其位谋其政，好好治理国家。这种制度虽然短期看来，有利于政权的稳定，但是也有可能无法选拔出真正优秀的继承者。

蜀国就是这样。英明一世的刘备，继承人却不太英明。但刘禅是长子，大臣们即使无奈，也只能接受。

起初，刘禅有无敌军师诸葛亮的辅佐，蜀国还能与魏国和吴国一较高下。但由于诸葛亮事事亲力亲为，积劳成疾，不久就过劳而死了，过世时仅五十四岁。

诸葛亮去世之后，刘禅面对这么大一个国家，可怎么办呢？那就，只能硬着头皮干呗！

事实证明，刘禅确实不是做皇帝的料。魏军一入川他便投降，好吃好喝似天堂。魏军大军压境，短暂抵抗后，刘禅干脆直接向魏国奉上降书。

当时，魏国的皇帝曹奂已经没啥实权，实际的掌权者司马昭顾及刘禅“前皇帝”的身份，表面上不仅没亏待他，还封他为安乐**县公**（古代的一种官职、封爵名称），给他又送房子，又送补助金，还送了一百个小童和侍女伺候他。但暗地里，司马昭对刘禅还保持着怀疑态度，防备他积蓄力量东山再起。

刘禅觉得司马昭待自己不薄，自己也得展现展现自己的良好教养，去登门拜谢一下！得知刘禅前来拜访，司马昭特地设宴款待，又是演奏又是歌舞，气氛一片融洽。

宴席进行到一半时，司马昭故意命人演奏蜀地的乐曲，蜀国的旧臣们想起了自己刚被灭国的事，各个泪流满面。只有刘禅依旧该吃吃该喝喝，看到精彩的表演还拍手鼓掌叫好。

司马昭见状心想，不对啊，刘禅的旧臣们都哭成这样了，你怎么还这么高兴？便问刘禅：“他们哭得都快把这里淹了，你难道不伤心、不思念蜀国吗？”刘禅满不在乎地摆摆手，回答道：“在这里比我之前做皇帝快乐多了。”

此后，司马昭便对刘禅彻底放心了。刘禅死后，司马氏创立的西晋政权还赐予他“思公”的谥号，也是很讽刺了。

读史启示

“乐不思蜀”这个成语含贬义。蜀汉后主刘禅身为天子没有作为、沉迷享乐，即便国家被灭也没有归乡的斗志，而是心甘情愿屈居敌国的温柔乡。作为祖国未来的我们，要怀有一颗敢于拼搏、敢于奋斗的心，努力做一个优秀的人，才能获得成长，最终走向成功。

乐	不		蜀	蜀	犬		日
日		月	异	异	想		开
开	门		山	山	高		长
长		累	月	月	黑	风	
	山	流	水	水		石	出
出	神		化	化	险	为	

答案：思、吠、新、天、见、水、年、高、高、落、入、夷

势如破竹

原典

今军威已振，譬如破竹，数节之后，皆迎刃而解。（唐房玄龄等《晋书·杜预传》）

今兵威大振，如破竹之势，数节之后，皆迎刃而解，无复有着手处也。（明罗贯中《三国演义》第一百二十回）

成语释义

势头像劈开的竹子一样，形容节节胜利，不可阻挡。

近义词

势不可当　所向无敌

反义词

强弩之末　望风披靡

造句

奥运会上，中国健儿势如破竹，摘得一块块金牌，让国歌响彻体育场。

扫码听音频

历史故事

读史小贴士

时间：公元 279 年

地点：建业

主要人物：司马炎、孙皓、杜预

公元 266 年，司马炎废了魏元帝曹奂，建立了西晋王朝。至此，曹魏灭亡，曾经魏、蜀、吴三国鼎立的盛况已然不在，当时的东吴还有不少人才，西晋和东吴形成对抗之势。

司马炎上位之后并没有快速把矛头对准东吴，因为西晋作为新生政权，不仅需要先安定内部，还需要警惕外部鲜卑、匈奴人的侵犯。

而当时的东吴国君孙皓（孙权的孙子），刚开始继位时还施行明政，一段时间后就变得昏庸暴虐，大肆清除异己，还屡次兴兵伐晋。短短十来年工夫，富庶的东吴就变得国库空虚，国力薄弱，再加上人民反抗四起，内忧外患的东吴政权摇摇欲坠。

公元 269 年，司马炎命镇守荆州的守将羊祜（hù）一边训练水军，一边对相邻的吴军大施恩惠。经过十年的休整，司马炎见时机成熟，于公元 279 年，对东吴展开全面进攻。二十万晋军所向披靡，士气大涨，很快就攻克了**江陵**（位于今湖北省荆州市）、**夏口**（孙权在江夏山筑土石城，斜对汉水，

称为夏口城）、**武昌**（孙权将东吴政治中心迁至鄂，后将鄂改名为“武昌”，寓“以武而昌”之意）等几个东吴重镇。仅仅两三个月，东吴大部分国土就归于西晋。

战争一直从入冬打到了春天。第二年春天，春雨连绵不绝，河水泛滥，给晋军行军作战造成了许多困难。晋军六路兵马总督贾充上书司马炎，建议不要冒险，先收兵返回，以后再找机会伐吴。

镇南大将军杜预知道了这个消息，也急忙上表，要求司马炎下令乘胜进军，一举消灭东吴，绝不可半途而废。同时，杜预又在武昌召集各军将帅开会，商议进兵攻打**建业**（三国时东吴的都城，即今南京市）。

有人反对他说："东吴的基业很大，我们不可能一下子把它消灭掉。现在马上要到夏天了，水势倒是降下去了，但说不准会暴发瘟疫。不如先行收兵，到明年冬天再集中力量伐吴，一举将其歼灭。"

杜预听了，站起来激动地说："现在我军士气旺盛，继续攻打吴国，就好像是破竹子那样，等到劈开了头几节，后面的便会不攻自破，什么也挡不住我们的气势！"大部分将领都赞同杜预的想法，司马炎也同意了杜预的意见，命令各路晋军水陆并进，直取建业。

果然，东吴的军队在接连吃了几次败仗之后已经毫无斗志，晋军所到之处，吴军不是逃之夭夭，就是主动出城投降。虽有少数竭力抵抗，但也是不堪一击。就这样，晋军长驱直入，迅速逼近建业。孙皓见大势已去，只好乖乖投降，东吴就此灭亡。

做一件事情应当有坚持到底的决心，尤其是收获了越来越多成果与信心的时候，一定不能半途而废，要借着屡战屡胜的气势实现最终目标。

吴国的末代皇帝孙皓本来有机会扭转局面，但他目光短浅，错误地实行暴政，最终使得东吴走向灭亡。我们要从孙皓身上吸取教训，学会约束自己的言行，总览全局，将目光放得更长远些。

彩虹糖童书馆
Rainbow Candy Kids' Book House